수|문|학|의|가|치|를|공|유|하|는|창|작|글|모|음

문학고을 선집

제9집 봄

시・시조・동시・수필

김신영 외 64인 공저

문학 고을

| 발간사 |

제9선집을 출간하며

조현민(문학고을 회장 · 시인)

우선 9돌을 맞이하는 시선집 출간의 의미는 보람 있는 일이고 그 가치는 크다고 하겠다. 그간 문단은 10여 개 권역으로 나눈 지부 창립을 활발히 전개해 왔다. 소그룹 단위로 시론이나 수필론, 시 낭송 공부 등 원작 시 발표나 첨삭을 통한 창작의 깊이를 더해 보자는 취지이다.

어느 조직이나 문단이든 타성에 젖거나 시대 조류에 신속히 대응치 않으면 뒤처지거나 도태될 수밖에 없다.

지난 9년간 480여 명 훌륭한 작가들을 배출하며 베스트셀러 작가를 배출하는 등 명품 문단으로의 도약은 시대의 사명이 되었다. 더욱 결집하고 문학적 가치를 더하여 격월지를 뛰어넘고 월간지란 문학지를 자리를 잡아야 함은 우리의 소명일 것이다.

기 서문 중에서도 작가로서 등단패나 등단인증서 등 시인이나 수필가라고 하는 면허 취득에 머무르며 장롱면허를 자처하듯 창작을 게을리하는 문인들이 눈에 자주 보임은 주지의 사실이다. 스스로 문학적 가치의 치유와 풍성한 멘탈의 가치를 저버리는 모습이기에 더욱 안타깝다. 스터디 소그룹 단위의 지부 창작 모임을 통하여 잠재적 창작 능력이 점화되길 소망해 본다.

  지난 거제 정모와 문학 탐방을 통하여 선배 문인들의 문학 정신을 계승하고 문학인으로서 자존감 회복 등 문단이 더욱 결집되고 단합하는 계기가 되었다.

  아무쪼록 작가가 꿈꾸는 최대의 로망은 첫 시집, 에세이집을 출간하는 일임을 부인할 수 없을 것이다.

  문단은 출판사라고 인프라를 잘 갖추고 있다.

  창작과 열의를 다하여 지부 중심의 스터디 소그룹 창작 활동이 출간으로 꽃피우는 결실을 소망해 본다.

  다시 한번 문학지인 9선집 출간을 자축하며 작가들에게도 축하의 박수를 건넨다. 만개한 봄날의 정원에 우리들의 축배를 제의해도 부끄럽지 않은 행복한 날이다.

  제9선집 출간에 성원해 주신 문우님들에게도 깊은 감사의 말을 전한다.

| 목차 |

| 발간사 |

| 조현민 | 제9선집을 펴내며 | 002 |

| 문학고을 시선 |

강원빈	사랑 봄	012
	봄 가루	013
	편지가 왔어요	014

강태평	강호 사랑	018
	오징어 배	020
	설경	022

김끝또	끝또 없는 길	024
	소갈머리	025
	꿈이 힘들어 한다	026

김선규	빨간 넥타이	028
	The way	029
	휴대전화	030

김선순	성에꽃	032
	상처	033
	오늘을 사는 이유	034

김성임	여행 속 사랑 향기	038
	꽃사슴	039
	코 고무신	040

김순호	막걸리를 빚다	042
	생신 날	044
	神仙 酒	046

김신영	적멸寂滅	048
	엉거주춤	050
	콘크리트 키드	052

김영선	백조	056
	다시 사랑할 수 있다면	057
	진달래 연정	058

김영호	천이백원의 행복	060
	연 끓어 먹기	062
	함박꽃나무의 소망	064

김익순	무심한 사랑	070
	자주 볼 수 없어도	072
	힘겨운 독백	073

김창배	당신을 떠나보내며	076
	붉은 속살 더듬으며	077
	할머니 손톱에서 묻어나는 봄	078

김태연	여름밤	082
	모내기	084
	갈무리 하는 시간	086
김희숙	봄 맞을 채비	090
	고향의 봄	092
	여명	094
류승규	징검다리	096
	묻지 마세요	097
	차창밖에 흐르는 추억	098
문현수	장작불	100
	서리	101
	소나무	102
박경례	한 바탕	104
	어쩜 그리도 좋니?	105
	사랑의 전의 법	106
방동현	기대	108
	참 예쁘다	109
	바다	110
성용군	천상의 여신	114
	슬픔의 한 송이 꽃	116
	비목	117
송기식	내 친구	120
	진짜	121
	보고픔	122
송명재	그리운 벗	124
	인생	126
	아쉬움	128
송윤근	상마빌딩 관리자	132
	세 끼 밥상	134
	동중학교	135
송해진	가을 강가에서, 밀어내다	138
	굴렁쇠	140
	거미	142
신갑식	알바 아가씨	146
	아내	147
	바다낚시	148
신기순	외발 백로	150
	봄꽃 인연	151
	시간	152

신정순	기억의 똬리	154
	설날이 오면	155
	엄마 바라보기	157

신준호	모닥불과 당신, 그리고 나	160
	놀이터	161
	비움이 채움을	162

안귀숙	풍경風景	164
	단비	165
	하루 종일 흐린 날	167

양경숙	남겨질 기억	170
	말린 대구의 사랑	172
	허름한 찻집에서	173

양태인	겨울비	176
	기다림	177
	아름다운 약속	178

양희범	이름 없는 집	180
	윤회의 집	181
	붉은 집	183

염혜원	고드름	186
	봄의 모독	187
	갈대	188

오성철	허수아비	190
	잃어버린 열쇠	191
	거울을 보다	192

오정영	문어	194
	길	195
	밀당	196

오진택	우리 할머니	198
	6월	199
	뉘 죽은 여輿	200

옥광대	-19℃ 겨울 어느 날	204
	봄꽃	205
	잉태	206

윤은원	3月 소묘	210
	한낮의 유혹	212
	그믐달	214

이만수	고향	218
	강아지 둘	221
	청량산에서	222

이성의	커피 세리머니	226
	해미海美	227
	아파트 불빛들	229
이영화	유년의 봄	232
	서툰 봄	234
	먼 길이 있던 자리	236
이정열	꿈☆은 이루어 진다	240
	동무	242
	소확행	243
이지선	시인이 되었다	246
	왜 거미 다리는 8개인가	247
	너의 길	248
임정숙	아버지	250
	여자에게	252
	4월의 꽃눈	254
조광원	곶감	256
	진실 게임	257
	꿈속에 시를	258
조현민	비누 3	260
	가평 수목원	261
	나목裸木의 시간	262
최해영	경칩驚蟄	264
	화란춘성花爛春盛	265
	옥란玉蘭	266
최효림	고함高喊	270
	외침畏鍼	271
	울림	272
한상우	붉은 파도로 접은 접시에 종이배 띄우며	274
	뒷간	276
	개나리	278
한상현	현의 바다에서 꽃피우는 1)	280
	현의 바다에서 꽃피우는 2)	282
	습작 노트	284
한순남	숨바꼭질	288
	하루의 시작	289
	그리움 따라	290
홍성길	냇가의 봄	292
	하늘 거울	293
	하늘 구들장	294

| 문학고을 시조선 |

정태상 왜관 철교 298
  성당에서 299
  살구꽃 아래에서 300

| 문학고을 동시선 |

김주옥 달 항아리 306
  하얀 눈 307
  눈을 보라 308

| 문학고을 수필선 |

강형기 추억을 주는 기차 312

김세영 기적을 여는 열쇠 318

김은주 소꿉놀이의 여왕 326

박계환 우산공원을 거닐며 331

신경희 칼의 추억 338

이만수 어머니의 고향 344

이재은 봄 애상哀想 350

이현경 신나는 인생 358

전 설 압구정 끝집 362

전혜수 선생님과의 추억 368

정은자 계양산 목상동 솔밭 쉼터 산행 374

황상길 고별 여행 380

| 문학고을 시선 |

강원빈	김희숙	신준호	이영화
강태평	류승규	안귀숙	이정열
김끝또	문현수	양경숙	이지선
김선규	박경례	양태인	임정숙
김선순	방동현	양희범	조광원
김성임	성용군	염혜원	조현민
김순호	송기식	오성철	최해영
김신영	송명재	오정영	최효림
김영선	송윤근	오진택	한상우
김영호	송해진	옥광대	한상현
김익순	신갑식	윤은원	한순남
김창배	신기순	이만수	홍성길
김태연	신정순	이성의	

사랑 봄

봄 가루

편지가 왔어요

강원빈

시인, 68 서울 출생
전 (사)대한 어린이 문화원 간사
전 Moon홀딩스 엔터테인먼트 이사
전 (주)우성 엔터프라이즈 이사
전 서울구암초 총동문회장
현 한빛회계법인 영업이사
2020년 06월 문학고을 등단 시부문
2020년 12월 문학고을 등단 수필부문
현) 문학고을 수석공리
현) 문학고을 서울 지부장

사랑 봄

영혼을 삼켜버린 열병 같은 사랑이
독감에 사나흘 앓고 일어난 아이처럼
코끝을 찌르는 봄바람에 실려왔지

살을 베던 칼날 같은 외로움과
찢어질 듯 추웠던 백색의 그리움이
가녀린 그녀 가슴에 형형색색 채색된다

끊임없던 뒤통수의 아픔도
한 바가지 시린 샘물로 해갈되고
꽃 물 입술에 적시며 봄을 노래한다

천지 삐까리 널려있는 꽃이지만
내 눈 속에 내 가슴에 움트는
그대는 무슨 꽃인가?

봄 가루

제과점 선반에서
금빛 반짝이는 캔디처럼
뽀샤시 뽀샤시 떨어지는
은빛 봄 가루 처럼
내게온 햇살에 눈이 부시다.

은빛 출렁이는 드넓은 바다는
당신의 마음

금빛 반짝이는 개구진 모래알은
당신의 이야기들…

맑은 날
비처럼 쏟아지는 봄 가루 맞으며
살포시 미소를 보낸다.

편지가 왔어요

바람이 창 두드려
마음문 열어보니
그리움 놓고 갔네요

보고 싶다고
이렇게 기다린다고
꽃잎으로 앞마당에
편지를 썼네요

그리움으로 흘렸던
수많은 빗물
그대 읽어주셨군요

이렇게 답장
보내오셨네요

간밤에 내린 비
태양을 씻어내고
새벽녘 바람
하늘을 쓸어놓았지요

이렇게 맑은
이렇게 화사한
우리의 만남이었으면
좋겠습니다

이제야 그대에게
봄나물 가득한
따스한 밥상을
차릴 수 있겠군요

강호 사랑

오징어 배

설경

강태평

시인
67년 전북 익산 출생(
전주대학교 문헌정보학과 입학(1986)
56사단 체육왕(1990)
전주대학교 문헌정보학과 졸업(1993)
KIST 자료실 실습 및 근무(1992~1993)
백마공사 운영(1993~1996)
강릉아산병원 입사(1997. 4)
강릉아산병원 총무팀 과장 재직
문학고을 신인 문학상 수상, 문학고을 등단 시부문

강호 사랑

나의 벗이 있는 곳
젊음을 함께하는 곳
숨소리가 거친 빙판 위
나는 오늘도 그곳으로 향한다.

동계올림픽 여운을 그리워하며
강릉의 전설로 변모하는
아름다운 하키클럽 강호
그 열정을 누가 막으랴!

오늘도 너와 나 만나
쉼 없이 링크를 휘달리고
부러져라 스틱을 내어 던지며
빠개지도록 퍽을 쏘아대는
그 모습 그 기분 참 묘하다.

부딪치며 맺힌 땀방울이
눈가를 가득 적시고
허리가 휘어지는 고통이 따르지만
결코 멈출 수 없는 시간들

나의 벗이 있는 곳
젊음을 함께하는 곳
숨소리가 거친 빙판 위
나는 오늘도 그곳으로 향한다.

젊은 날의 추억이 깊이 새겨지는
내 사랑 강호* 곁으로

---

* 강호: 강릉호랑이 아이스하키클럽

오징어 배

바람이 잔잔한 여름날
바다에 가면
뭍으로 흘러나오는
하얀 포말 덩어리들
사르르 부서집니다.

갈매기도 잠들고
별 그림 하나 둘 펼쳐질 즘
오징어 만선을 기대하며 떠나는
수많은 등불들
밤하늘을 더욱 환하게 달굽니다.

별 그림 하나 둘 사라질 즘
물안개 피어나는 부두에
오징어 배 한두 척 밀려오면
밤바다 익숙한 어부의 마음은
환희에 젖습니다.

오늘밤
잔잔한 바다가 기다리면

내일은 또 그렇게 열리지만
바다가 아플 땐
행복한 어부의 마음은
갈대가 됩니다.

설경

다람쥐 뛰어 놀던 숲 속에
끝없이 눈발이 흩날리더니
숲은 자취를 잃고
하얗게 눈 세상이 펼쳐졌다.

아기솜털처럼 포근하고
수정처럼 맑은 형상으로
온 세상을 환하게 비추어 버린
고요하고 적막했던 밤.

동이 트니
숲 속 여기저기에선 절규가 흐른다
사랑 받는 나무에선 기쁨의 눈물이 흐르고
상처 받은 나무에선 슬픔의 눈물이 흐른다.

겨울 설경은
사랑 받는 여인처럼 너무 아름답지만
유혹이 강렬할수록
상처 받은 여인 되어
슬피 사라져간다.

끝또 없는 길
소갈머리
꿈이 힘들어 한다

서설瑞雪 김끝또

시인, 김끝또 시집 『끝또 없는 길』 출간
영남대학교 전자 공학과 졸업, 교원자격증 취득(중등학교)
주식회사 주마(벤처기업, 병력특례업체) 대표이사 역임
신지식인 선정(중소기업청장 제104호), 우수 제품 표창장(조달청장 제3400호)
우수 제품 표창장(경기도지사 제74호), 인천시 미추홀상(제1호)
인천시 유망중소기업 (제44호), 유망중소기업 지정서(중기청장 제2000-155호)
한경 핫 벤처기업 100대 기업 선정(제76호), 대만 발명전시회 금상 및 은상 수상
인하대학교 경영대학원 CEO SMART 과정 수료, 경희대학교 사이버 문화창조대학원
석사과정 재학 중, 현 주식회사 울타리 재직
문학고을 신인 작품상 수상, 문학고을 우수 작가상 시부문 수상
사) 한국 문인 협회 정회원

끝도 없는 길

길은 조건을 달지 않는다
선물 같은 길이고 싶다

길은 시샘을 하지 않는다
한결같은 길이고 싶다

길은 사계를 탐하지 않는다
포용하는 길이고 싶다

길은 순리를 원망치 않는다
자유로운 길이고 싶다

길은 유불리를 따지지 않는다
끝도 없는 길이고 싶다

끝도 없는 이길 따라
그저 인생을 걷고 싶다

소갈머리

속만 좁은 게 아니었네
마음의 길까지 좁은 혈관을 타고
이해 충돌 다반사

배려와 무관심의 결로 이탈
주범을 잡고 보니 날 닮은 거울
사악한 눈웃음 도수를 알 수 없다

나 하나로 족하다 했건만
내가 먼저 포기란 걸 배운다

다시 본 거울
내가 없다

악하고 추한 모습만 보이는 거울
벗 되기는 틀렸나 보다

그래 너와 난 가상 세계다

바라볼 수 없는 한계의 극치다

꿈이 힘들어 한다

머리맡에 고이 접은 굵고 서투른 글씨체
제발 꿈꾸게 해주세요
개꿈만은 말고요

개꿈 말고는 꿀 꿈도 없는데도 자나 깨나
꿈 타령 호박에 줄긋는
꿈이라도 제발요

오늘부터는
꾸지 않는 꿈을 꾸려고 한다
그냥 꿈같은 오늘로 살다 꿈으로
이별하는 꿈
멋진 꿈 아닌가요

꿈
꼭 이루어질까요
꼭 꾸고 싶은 꿈 현실 속에 꾸세요
이루어질 겁니다

살아있는 꿈

빨간 넥타이
The way
휴대전화

담현澹弦 김선규

시인, 중앙대학교 산업디자인학과 석사
LG전자(주) 디자인경영센터 제품디자이너(전문위원)
대한민국 디자인전람회 초대디자이너
대한민국 우수디자인 대통령상 2회 수상
대한민국 디자인전람회 심사위원장
세계 3대 디자인 어워드 석권(독일 IF, reddot, 미국 IDEA) 한국강사교육진흥원 강사
서울시 고등학교 디자인 교과서 공저
공저-「발견은 기쁨이다」
홍성 디카시 공모전 동상 수상
문학고을 신인 문학상 수상, 문학고을 등단 시부문 , 현) 문학고을 서울지부 사무국장

빨간 넥타이

찬 바람 부는 겨울밤
형의 둘째 딸
조카가 찾아왔습니다

작은 아빠!
이 빨간 넥타이 매시고
제 결혼식장 와주시면 좋겠어요

아빠의 빈자리를 채워달라는
딸의 간절함입니다

빨간 넥타이 내밀며
꼭 와달라는
조카딸의 애틋한 목소리는
그리운 아빠를 부르는
사부곡으로 들립니다

밤하늘에 수놓은 별들 중
가장 반짝이는 별은
형의 웃는 얼굴입니다.

The way

어두운 고요 속에
외로이 걷다가
그 길에서 만난
너는 달빛이었다

흐르는 어둠에
쓸쓸히 반짝이는
그 길에서 만난
너는 별빛이었다

그 길의 끝에서
너는 희망의 빛으로
새로운 길을 만든다

내 안의 두려움
너를 다시 만나기 위해
걷고 또 걷는다.

휴대전화

추모 기일
엄마가 사용하시던
휴대전화를 꺼냅니다

접이식 하얀색 전화기
생전에 드린 마지막 선물입니다

전원 버튼을 누르면
액정 화면에
엄마랑 어깨동무 사진이 나옵니다

전화벨이 울립니다
가슴이 울립니다

울리는 벨 소리
천국에서 걸려 온
엄마 전화입니다

성에꽃
상처
오늘을 사는 이유

김선순

시인, 충남 서천 출생
평택대학교 상담대학원 졸업(독서치료전공)
평택대학교 일반대학원 수료(상담학 전공)
지혜의 숲 당진센터, 봄봄문학상담연구소 대표
한국시치료학회 이사, 시치료전문가, 한국독서치료상담학회 이사, 독서치료전문가
시치료, 독서치료를 활용한 개인상담, 집단상담
자서전쓰기, 부모자녀교육, 역량강화 강의 활동
시치료 시집 「라파트리 옴」「라파트리 결」 공저(한국시치료연구소)
시와 이야기 「오직엄마」(도서출판 진포)
문학고을 신인 문학상 수상, 문학고을 등단 시 부문

성에꽃

밤늦게까지 열일하며 달려
따뜻했던 차창에 내린 혹한의 밤

하늘과 땅만큼 먼 거리
가닿을 수 없어
함께 할 수 없어

혼미해진 마음 조각들 위로
영하의 차가운 입김 불어
성에꽃 활짝 피어내었다

허공 중 어디라도
알아차릴 수 없어도

항상 함께 한다
곁으로 있다
하얗게 드러내는 너

성에꽃 사이로
떠오르는 아침해처럼
아파도 놓을 수 없다

상처

의지와 상관없이
피멍든 깊은 상처
의식이 채 생기기도 전 새겨져
상처인 줄도 몰라
치료를 꿈꿔본 적 없다

어느 날은 꼬들하게
잔존하는 것이 고마웠고
어느 날엔 꼼짝없이 주저앉아
숨을 삼켰다
그냥 상처는 나였으니까

내내 말짱하던 파란 하늘에서
느닷없이 쏟아지는 소낙비처럼
흠뻑 헤집어대는 그 무엇
그저 지나는 시간만 헤어려야했다

아프다고 말하지 못했다
아픈 줄도 몰랐다
있는 듯 없는 듯
언제나 나였던 그것이 상처였음을

오늘을 사는 이유

지금 알고 있는 걸
그 때는 알 수 없었다

그래서 무모했고
거침없이 살아낼 수 있었다

지금 알고 있는 걸
만약 그 때 알았더라면

어쩌면 많은 부분
살아낼 수 없었을지도 모른다

알 수 없어서
그 때는 넘어지는 실수를
안타까운 후회를 만들어냈다

지금 알고 있는 걸
그 때는 알 수 없어서
뒤범벅 되어진 모습으로
나는 오늘 위를 살고 있다

그 때의 내가 모여서
지금의 내가 되었고
그 때를 알 수 없어서
얼마나 다행한 일이었는지

지금의 나는 오늘살이가 좋다

여행 속 사랑 향기
꽃사슴
코 고무신

김성임

시인
70년생 도봉구 거주
전업주부
문학고을 신인 문학상 수상
문학고을 등단 시부문

여행 속 사랑 향기

내 맘 헤아려 불어오는 사랑 향기
어디 흘러갔다 온 것도 아닌 이 향기가
왜 이리 세월 흘러 힘들게 왔을고~
이제 편안한 맘 추스리니
살포시 진한 향기로
내 맘 가득 느껴지네.
왜 이리 가슴이 저미듯 아리면서
눈가 촉촉함은 무엇인지
어색한 손 내밀어
살포시 얹은 손
내 맘에 흐르는 따뜻하고도 아린 그맘.
살살 녹아 사그라지는 그 무딘
당신의 그 사랑 향기…

꽃사슴

아른아른 바람처럼
공기처럼
여린 듯 작은 손
그 손으로 아픈 맘
잡아주고
쓰린 속내 쓸어주네
그맘 또한 힘겨우니
강한 듯 어깨 으쓱해 보지만
그 어깨가 참으로 무겁구나
어이할꼬
어이할꼬~
쉬어가소
쉬어서 가소~
한걸음 쉬고 한숨도 쉬어보고
그래요 그렇게…
어떠셔요
이제 편안하시죠

코 고무신

울 할미 코 고무신
밭매고 풀 뜯고 흙 묻은 강아지
우물가에 앉아
빨래 돌에 쓱쓱 문지르면 구정물 일으키며
뽀야지는 코 고무신
손주 보러 서울 가시는 길
하얀 고무신 깨갓이 말려 신고 고운 한복에
쪽 찐 머리 빗어
내 손잡고 길 나서던 그 고운 모습
어디로 가셨나요.
그리운 울 할미…

막걸리를 빚다

생신 날

神仙 酒

해연 김순호

시인
61년 서울 거주
선문대학교 자연치유학과 통학의학석사
서울특별시교육청 지방교육행정 공무원
정년퇴직
문학고을 신인 문학상 수상
문학고을 등단 시부문
E-mail 주소: xyzcap1467@naver.com

막걸리를 빚다

통밀 가루 내여 녹두 즙 만나
세이레 되니
황금 꽃 피었네

고두밥 백비탕에 황금 꽃
사흘 동안
서로 눈 맞아
반짝이는 은하수 되니
춤추는 벚꽃들 보다 화려 하구나

삼칠일 뜸 들어
쪽빛 항아리
열어보니
유백색 향이 일품 일세

잔에 담아
달빛어리니
피어나는
흰 구름 같구나

내님께
이 술 드리니
옥황상제 부럽지 않다
극찬 하시네

생신 날

달빛 노랗게 풀어
흰 구름 모셔와
반죽 되고
오색 무지개 장식되니
화려한
케익 되었네

별님 왕관 씌우고
빨간 장미 도포 되니
임금님 예복 보다 화려 하구나

번개 촛불 되고
바람이
노래하니
님의 모습 보름달 같구려

번갯불 떠나
천둥 폭죽 터트리니
님의 감동

눈물 되어
소나기 내리네

神仙 酒

나의 님 함박웃음
보기 좋아
이슬모아 곡주를 빚는다.

천년 후 쓰일 때 있어
누가 볼 새라 먹칠하여 감춰둔
오묘한 침향
허리 굽혀 모셔와 신선 주를 빚는다.

내 님
입술 닿기 전 행여 향이 사라질 사
꼭꼭 동여맨다.

이 酒 받을 나의 님 천상법계
神仙이라

에헴!
눈빛 서로 좋아 함박웃음으로
화답하리라.

적멸寂滅
엉거주춤
콘크리트 키드

김신영

시인
김신영 (시인, 문학박사) 충주출생
중앙대학교 졸업 1994년《동서문학》등단,
시집 『화려한 망사 버섯의 정원』(문학과지성사)
시 창작론 집 『아직도 시를 배우지 못하였느냐』(행복에너지, 2020), 『마술 상점』(시인수첩, 2021) 외 다수,
가천대 독서코칭 책임교수
문학고을 시 창작 지도교수
문학고을 수석 심사위원

적멸寂滅

돌이켜보면,

나를 흔들어 대던 바람은
한밤의 먼지에 불과했습니다

태양 같은 강열로 후벼내던 가슴도
지나간 밤기운에 불과했습니다

손사래 치며 나를 거부하던 문장까지
불볕에 사라지는 물기에 불과했습니다

잊고자 누워 있던 바위에서 싹이 틉니다
삶을 끊고자 던져버린 불모지에 번뇌가 싹 틉니다

내내 한 생각도 하지 않고자 오래 걸어온 길에
거미줄이 아침마다 눈앞을 가립니다 떨쳐내고자 하여

한 생각도 일어남 없이 지극에 이를 수 있다던
경전의 말씀은 모든 것이 헛되고 헛되다고 노래합니다

청천 같은 당신의 말씀은 하늘이 북새가 될때에야
자취를 드러냅니다 덧없이 바람이 몹시 불었던 게지요

적멸에 들고자 하였던 멀리가지 못한 한 생각도
큰 바위 끝 모서리에 불콰한 빛깔로 남았습니다

엉거주춤

당신은 엉거주춤에 대해 아시나요?

다섯 시 같은 시간에 무언가를 기다리는
어디에서 엉거주춤거리며 세상을 도는 춤인데 말이죠

저녁에서 아직 밤이 오기 전에
엉거주춤 한 허리 부여잡고 걸어가는 춤

고전과 새로운 미학 사이 어딘가
주춤거리고 있는 자리

서지도 앉지도 못하고 반쯤 서 있는
이 시대의 새로운 춤

이 춤에 대해 들어본 적이 있나요?
이도 저도 아닌 엉거주춤은 얼마나 고단한 춤사위인가요?

이쪽도 저쪽도 아닌 인생들이
엉거주춤거리며 거리에 떠돌고 있어요

살아가는 일이 무척이나 고된
발라드풍도 섹시한 댄스도 아닌

정말이지 인기 하나 없는 이 춤사위
한번 추어 보실래요?

콘크리트 키드

벽에서 향기가 난다

향기마다 바람에 실려
별 밭으로 내려간다

어머니의 고향같은 향기
내가 실려 갈 어느 바다 같은 향기

내 살이 콘크리트 향을 풍긴다
오래도록 콘크리트 속에 살아

콘크리트에 담긴 것이 내 생각이며
내 생각이 콘크리트처럼
단단하고 반듯한 길을 간다

매끈한 벽이 무너질 리 없다
벽을 닮은 내가 무너질 리 없다

백년을 가도 단단한 콘크리트를
무엇에 비길 수도 없다

하여, 인생은 콘크리트를 소망한다
백년이 가도 단단한 삶을 소망한다

백조
다시 사랑할 수 있다면
진달래 연정

김영선

시인, 한국외국어대학교 경영대학원 졸업(MBA경영학 석사)
한국외국어대학교 최고경영자 과정수료(AMP 19기)
심리상담사1급 자격증취득
수출기업&여성기업 인증서 취득
은평구의회 의장상 은평구 구청장상
강병원 국회의원 표창
서울시의회 의장상 표창
2023 K-STAR 한국을빛낸사람들 대상 표창
문학고을 신인 문학상 수상
문학고을 등단 시부문

백조

세상의 빛 한 몸에
받아낸 너 그리도
단아한 백옥으로
물빛을 가른다

하늘빛 가르는 날개
천상의 그림 이 건만
수정 닮은 호수 위
한 떨기 흰 백합이지

수면 위 피워 낸
너의 몸짓 유유자적이
내려놓은 선일까마는
물 밑 삶이 궁금하다

차마 거울이 되어버린
호수라서 다행일까
우아한 몸빛에 감춰진
발버둥이 한이로세

다시 사랑할 수 있다면

가버린 그 님 자리
추억은 상처되어
아문 흉터 옹이로
세월이 되었지요

시간이 달래준 위로
주름에 채워졌지만
하루하루 빈자리가
또 쌓이어 가네요

가버린 만큼 남은
선물 같은 시간들이지만
나눌 수 없는 허한
그대 없는 세상

다 못다 한 아린 연민
함께라서 채울 수 있다면
선물로 다가온 그대
삶으로 같아 채우지요

진달래 연정

삼월 여린
바람 끝에도
메마른 풀섶
살살이 꺾이는데

동산녘에 걸었던
진분홍 언약
수줍게 내미는
소녀의 주근깨

차마 저리 운 추억
기억에 삭히어 갈까만
가슴에 또 피는 걸

삼월 엷은 하늘
진붉게 타오르는
아이의 수줍은 동심
열아홉 애끓여 간다

천이백원의 행복
연 끊어 먹기
함박꽃나무의 소망

김영호

시인
59년 경북 출생
방송통신대학교 법학과 2년 수료
에너지관리기능사(산업통상자원부)
문학고을 신인 문학상 수상
문학고을 등단 시부문

천이백원의 행복

1
주름으로 화장한 할매가
한 손은 무릎을 버티고
한 손은 손수레를 끌며 골목을 살핀다

바람이 분다

날리는
폐지를 잡으려 손을 내민다
폐지는 얼굴을 덮친다

할매가
가을 고춧대처럼 넘어진다
다시 날아가는 폐지를 쫓는다

한 장 두 장
고물상 저울에 올린다.

2
천이백 원

할매가 웃는다.
미소 사이로 잇몸만 보인다

하굣길 손녀에 들킨
할매는 어색한 웃음을 짓는다
소녀는
교복 소매로 하얀 눈물을 훔친다

장미 꽃잎 같은 고운 손으로
차가운 손수레 손잡이를 잡고
앞장서 가며 폐지를 찾는다

연 끊어 먹기

1
방패연
지네발연
가오리 연이 난다.

꼬맹이 총각들이
언손 녹이며 이리 뛰고 저리 뛴다

꼬리 끊어 먹기에 당한
굼뜬 꼬맹이는
연신 소매로
눈물 콧물 훔친다

겨울 철새
기러기도 같이 놀잔다
연실만 없다면
따라 날아가고 싶다
연실을 당겨주지
않으면 날수 조차 없다

2
해는
서녁 솔가지 타고 집에가고
엄마는
저녁 먹자고 어서 오란다

도망 치는 연을 보니
형아 큰 주먹이 아른 거린다

오늘밤에는
한번 치면 백바퀴 돌아가는
무지개 팽이를 만들어야지 .

함박꽃나무의 소망

1
나는 통통하고
연한 초록색 잎을 가진
예쁘고 싱싱한 나무였다

바람이 불어 옆 가지가
시비를 걸어도 웃었다

나는 산책길
가까이에 살아서
사람들이 자주 놀러 왔다

하얀 꽃이 청순하고 예뻐서
사진을 찍는 통에 눈도 부시고
발을 밟아서 귀찮을 때도 있었다.

2
관리인이 오더니
근사한 명찰을 달아 주었다
-함박꽃나무:꽃말:수줍음-

근처 나무들에 시기와 부러움을 샀다.

천둥 번개가 쳤다

어릴 적 친구 떡갈나무가
번개에 맞아 죽었다

얼마 후에는
옆에 살던 세 살 적은
동생 함박 나무도 벼락에 죽었다

나는 조금씩 시들어 갔다
꽃이 떨어지더니
잎도 하나둘 떨어졌다

무당이 와서
붉은 천을 감더니
북, 장구를 치며 굿을 했다

신을 받아 들일 수 없었다

나는 늦은 가을에 죽었다

3
한 여자가
나를 집으로 데리고 갔다
옷을 벗기고 화장을 시키더니
향기 없는 꽃을 매달았다

맑은 향내음 나는
내가 낳은 아이들이 보고 싶다

나는 따뜻한 곳에 있지만
아이들은
이미 곤충 먹이로 흔적이 없겠지

아이들이 짝을 만나
씨앗이 될 때까지
살아 있어야만 했는데

차라리 내가 불구덩이에 던져졌어야 했다

내가 살던 산에 가고 싶다
여자가 나를 사랑하지만
산에서 고목으로 있다가
조금씩 소멸되어 친구들의
질 좋은 양식이 되고 싶다.

무심한 사랑
자주 볼 수 없어도
힘겨운 독백

김익순

시인
대림산업(주)
현, 디엘이앤씨(주) 배관설계팀 근무
현) (주)지펙기술 대표이사
문학고을 신인 문학상 수상
문학고을 등단 시부문
문학고을 자문위원
E-mail : kimis@gpectech.com

무심한 사랑

엊저녁부터
불어오는 바람결에
우수수 꽃비가 내리고
쓸어내지 않은
꽃 더미 속
수명을 다한 꽃잎은
겹겹이 쌓인다.

먼저 진
개나리 꽃잎 위로
벚꽃 잎이 떨어지고
그 위를
빛바랜 자목련 꽃잎이
벌겋게
덮어버린다

마치
다른 사랑이
지울 수조차 없는
그 무심한 사랑마저

쉬이 잊게 하듯

벌써 져 말라버린
개나리 꽃잎은
점점
보이질 않는다.

자주 볼 수 없어도

곁에 있다고
꼭 가까운 것이 아니듯
자주 볼 수 없어도
우리가 멀어지는 것은 아니다

마음으로 오가며
궁금해하고 격려하여
밝은 모습으로 하루를 살게 한다면
우리는 가까이 있는 것이다

이 세상 어딘가에
당신이 살고 있다는
안부만으로도
이토록 행복한데

늘 나를 생각하는
당신의 모습을 떠올리니
눈웃음으로 가득 찬 내 작은 두 눈은
벌써 보이질 않는다.

힘겨운 독백

가만히 눈 감고
목덜미를 스치는 바람결을 느낄 때나
라이오닐 리치의 노래를 들을 때
넌 내게로 온다.

그때마다 한숨 섞어
내뱉는 말
내가 잘 해준 게 뭐 있다고
미안함에 가슴 저리곤 하지

멈춰지지 않는 이 바람처럼
네게로 향하는 마음은
간절함을 더해
끝없이 이어지고

그리움이 삭기는커녕 더해만 가지만
목구멍을 넘기지 못하는 말
내 힘겨운 독백
보고 싶다.

당신을 떠나보내며
붉은 속살 더듬으며
할머니 손톱에서 묻어나는 봄

김창배

시인
전남 장흥 출생
전남대학교 국문학과 졸
안양 국어학원 운영
문학고을 신인 작품상 수상
문학고을 등단 시부문

당신을 떠나보내며

당신 서성이는 마지막 영혼의 빈터에
국화꽃이 그렇게 서럽게 피는 줄 몰랐네.

술 한 잔 따라 올리고 당신의 환한 웃음 아래
환장하게 울음 놓고 환장하게 웃음 놓고
좋아하는 사람들과 어울려 한바탕 잔치
온몸으로 전율하는 딸의 울음
어깨 들썩이는 아들의 흐느낌
나는 눈물 없는 망부석

향불에 타오르는 당신의 미소 그리 서러울 줄 몰랐네.

미처 못다 한 사랑
꼭꼭 눌러 진공 포장을 한다.
얼지도 썩지도 않은 휴면 종자로 남아
먼 훗날 당신 좋아하는 세상 오거든
환한 웃음으로 피어나소!

당신의 환한 미소가 촛불에 타오른다.
국화꽃이 그렇게 서럽게 피는 줄 몰랐네.

붉은 속살 더듬으며

소나무 향 나는 침대 위에서
그녀 붉은 원피스 벗기면
끈끈한 점액 반항의 손길
붉은 피 손가락
또 한 겹 하얀 치마
칼에 묻은 매운 눈물
너를 향한 순수한 마음엔
피의 희생이 필요했다
네 마음 녹아 들끓는 냄비에
첫날밤 비가 내린다.
하얀 소금밭 이불 위에
벗기면 벗길수록 하얀 네 마음
부풀어 오르면
하얀 속 자궁에 찍힌 매운 눈물
부끄러워 겉은 붉은 가보다

할머니 손톱에서 묻어나는 봄

꽃 가게 서랍 속 겨울잠 자는 꽃씨들
빨강 노랑 알록달록 만화경 꽃동산 꿈꾸며
혀끝에 감기는 꽃샘추위에
순수한 속살 내미는 게 부끄러워 게으른 하품을
한다.

꽃 가게 수선화 가냘픈 허리 푸른 치마 입고
노란 댕기 두르고 파르르 떠는 속눈썹 봄 유혹
하고,
보도블록 틈 민들레 푸른 기둥 하늘로 말아
올린다.

재래시장 한 모퉁이 공원
흘러가는 유행가 한 사발 들이킨 노인들이 봄을
토해 내면 벚나무 가지 여물지 않은 소녀의 꽃망울 봄바람
이 근지럽다.

켜켜이 주름진 겨울을 털어낸 할머니 바구니에서
냉이, 달래, 쑥판화처럼 찍힌 겨울 발자국 뒤꿈치를 설명
설명 봄옷자락 휘날리며 따라간다.

흰 목도리 눈가 주름사이 해설프게 선잠을 자던 봄
인도에 난무한 겨울 발자국들 사이 몽올몽올 피어나는,

검푸른 나뭇등걸 같은 할머니 손톱에 살가운 봄바람이 분다

여름밤
모내기
갈무리 하는 시간

김태연

시인
1960년 6월 30일 생
강원도 양양군 현남면 입암리
강릉 명륜고등학교 졸업
포항대학교 경영학과 졸업
인천국제공항 security korea 근무
자영업
현재 농부農夫
문학고을 신인 문학상 수상
문학고을 등단 시부문

여름밤

산과 들에서는
각자의 주어진 성장을
갈무리하고
이별을 준비하는 시간

밤꽃 향기 지천으로
날리던 때가
엊그제였는데
알밤이 때글때글 해지고

밤송이가 아가리를 벌리고
가을 햇살에 샤워를 마치고
집 나갈 채비를 합니다
알밤 삼형제 모여 앉아
도란도란 아쉬운
시간을 보냅니다

오도독오도독
밤 까먹는 소리에
놀란 청설모 겨울 준비에

잰걸음 바삐 오르락내리락
분주한 가을날

모내기

화려하던 산벚꽃도 빛이
바래 가는 시간
들녘에는 소 모는
아버지의 목청소리 높아 가고

아버지, 쟁기, 소
삼박자가 호흡을 맞추며
보구레질 써레질 번지질
새색시 분 단장 한 것 마냥
정갈한 논배미

텃논에 물빛이
별이 내려와 앉은 듯
반짝반짝거린다
모찌는 소리에
모꾼의 손길 바쁘고
못종의 잔걸음도
덩달아 바쁘다

갈무리한 논위로

찰방찰방 못 줄
넘어가는 소리
젠노리 나가는 함지박에
막걸리도 따라나선다

골무에 피가 묻어나고
거머리에 헌혈을 하면서
못 밥 한 그릇에
허기를 달래고

알살을 내놓은
굽은 등허리 위로
오월의 따가운 햇살이
뚝 뚝 떨어진다

끊어질듯 이어지는
오독데기 소리에
해는 벌써 서산을
기웃거린다

갈무리 하는 시간

산과 들에서는
각자의 주어진 성장을
갈무리하고
이별을 준비하는 시간

밤꽃 향기 지천으로
날리던 때가
엊그제였는데
알밤이 때글때글 해지고

밤송이가 아가리를 벌리고
가을 햇살에 샤워를 마치고
집 나갈 채비를 합니다
알밤 삼형제 모여 앉아
도란도란 아쉬운
시간을 보냅니다

오도독오도독
밤 까먹는 소리에
놀란 청설모 겨울 준비에

잰걸음 바뻐 오르락내리락
분주한 가을날

봄 맞을 채비
고향의 봄
여명

김희숙

시인
1960 경기 안산 출생
요리사
문학고을 신인문학상 수상
문학고을 등단 시부문

봄 맞을 채비

아직 이른가보다
두툼한 옷가지를 못벗어
겨우내 뒤집어 썼던 모자도
어서 봄 마중 가야하는데

햇살은 어느새 곁에와 머무르려는데

바람은 막아서며 뼛속을 시리게 해

햇살은 바람에 맞서 더 강하게
다가오니 그을리고 쓰리게해

아직 이른가보다

양지바른 길섶에는
강아지 풀이 흰수염 휘날리고
바싹 마른 낙엽은 뒹굴어
소복이 쌓이고

인적드문 응달엔 아직

얼음이 반짝거린다

떠나고 오는 그 사이가
왜 이리 시리고 조급하게만 느껴질까
미련 때문일까

어서 봄, 마중 가야하는데
아지랑이 피어오름도
꽃과 나비 마중도 가야하는데

고향의 봄

꽹과리 징 북소리와 함께 왔다

현란하리만치 오색찬란한
춤사위와 함께 왔다

집채만큼 커다란 성엣장이
미처 녹기도 전에

기다리던 봄 아지랑이
피어 오르기도 전에

비나이다 비나이다
풍어제와 함께 왔다

바다는 일렁일렁이다 철썩철썩
해풍은 겨우내 가두어 두었던
일상들을 흔들어 깨우고

마른 풀섶 한켠에 갈대숲은
물보라 젖어 떨며 봄 맞을

채비에 바쁘다

고향의 봄은
갯내음 해풍에 실려와
어부들의 풍어제 함께 왔다

여명

밤과 낮의 이별을
살짝이 열어오는
그 절묘함은 은은하고
고요함으로 밝아옵니다.

화려하지도 않으면서
소란스럽지도 않으면서
밤의 어둠을 걷어내고
새벽의 이슬을 걷어내고
아주 조금씩 조금씩 밝아옵니다.

능선따라 구름 비껴가며
새벽안개 밀어내고
희망 찬 하루를 밝히려
살짝이 열어 오십니다.

징검다리
묻지 마세요
차창밖에 흐르는 추억

류승규

시인
아호 송현(松峴), 1961년 경북 영주시 단산면 산골에서 출생
경북 안동시에서 초중고교 졸업
1987년 중앙대학교 경제학과 졸업
이후 20여 년간 대기업에서 근무 (등기 임원)
몇년간 창업투자사에서 경영컨설턴트로 근무
2016년 이후 벤처 바이오 중소기업의 임원 근무 중
2022년 『문학고을』 시부문, 시조부문 신인문학상 수상
2022년 『한국문학예술』 시조부문 신인상 수상
2023년 개인시집 『우리는 어디로 가는가』 (문학고을출판사) 발간

징검다리

바람부는 달밤
행여 올세라
찬물에 발을 적실라

산골마을 동구밖
시냇가 여울목
세찬 물살 견딘다

반가운 그 사람은
일순간 지나가고
뒤돌아보지 않아도

또 다시기다리며
차가운 물속
나란히선 징검다리

묻지 마세요

묻지 마세요 인생이 무어냐고
그것만큼은 나도 알 수 없으니

그걸 알려고 사계절을 살아보니
계절은 다른 답만 가져다주어요

해마다 꽃 피고 바람 불고 비 오는데
세월 따라 다른 느낌이니 알 수 없구려

해님에게 방긋이 웃는 법을 배우고
내리는 빗물한테 우는 법을 배우고

그래도 남는 아쉬움이 있다면
지나는 바람에게 실어 보내요

그렇게 살아가다 정 궁금하다면
같이 가는 세월에게 물어보세요

차창밖에 흐르는 추억

차창밖에는 빗물이 흐르고
문득 가로등에 비친
익숙한 도시의 풍경이 보인다

긴 터널을 빠져나온 듯
아름다웠던 지난 시간
젊은 시절 추억이 흐른다

이곳에서 인연을 맺고
수없이 사랑하고 미워하며
아름다운 청춘을 보냈지

추억은 세월과 함께
바람 속으로 흩어져
이젠 기억조차 흐려지고

희미한 가로등 아래
빗물 속 도시의 풍경은
그렇게 터널 속으로 사라졌다

장작불
서리
소나무

문현수

시인, 64년 당진 거주 송악고 졸업
육군 중사 예편, 당진군 4H 연합 회장
당진 신문〈농부의 시 한편〉매주 연재
2015년 새마을 지도자
송산 농업경영인, 송산 농업협의의장
문학고을 신인 문학상 수상
문학고을 등단 시부문

장작불

무엇이 그리 서러운가
무엇이 그리 애처로운가

너로 인하여 나의 몸은
한없이 낮아지는데

너는 너를 태워 뜨거운 사랑을
남김없이 전하고

다시 재가 되어
움트는 새싹의 밑거름이 되는데

나는 너를 보며 단 한 번도
사랑 다운 사랑을 해봤던가

자꾸 작아지고 낮아지는
내 모습에 고개를 떨군다

서리

아침 서리 낀 창문을 열고
밖을 내다보고 돌아서서

다시 대문을 열고 밖으로 나가
확 트인 들판을 바라보니

하얀 서리가 마른 풀 위에 와
널려 있는 지푸라기에 내려앉아

내 발이 닿는 곳마다
내 발등에 내려앉아
울부짖으며 눈물 흘린다

그래도 나는 고개를 들어
먼 산만 바라본다

서로 위로하며 살아보자

소나무

뒤틀린 너를 보고
사람들이 멋있다고 하지만

년 수가 흐른 내 몸과
뒤틀린 너와 일반이요

힘겨운 삶을 지탱하는 것이
너와 내가 일반이나

아직은 조금 더 버티며

한 바탕
어쩜 그리도 좋니?
사랑의 전의 법

박경례

시인, 창원 거주
경남 보육교사 교육원 졸업
창원 보육교사 교육원 졸업
전직 어린이집 교사 역임
2009년 한울문학 등단 시부문 신인상, 작가상, 문학상 수상
2022년 문학고을 등단 시부문 신인문학상 수상
시선집 제8선집 겨울

한 바탕

이천이십삼년 어느 봄날
내 방에 꽃이 하나라도 있으면
좋겠다고 생각해 보지 않았다
그러던 중
그러던 중에 첨으로 보여 준 날
한바탕 호탕하게 역시나
나의 웃음
나의 미소
나의 짐심
나의 돌격당할 이유 없는 반항
나의 일관성 품격
전시회
작은 전시회는 계속되었다

어쩜 그리도 좋니?

울타리 같은 행복을 보셨나요?
기쁨을 함께 느껴 보셨나요?
이심전심
불타나게 차려입은 꽃 가지에도
방울 한 개를 달고 나오지요
목소리를 크게 지르면
하품하는 그대를 본 적이 없다
하루 드물게 머물고 싶은 한 그루
그루를 뽑지 않고서도
내가 그 앞에 서면
나도 나도 매화인 걸요
그대 그대인걸요
유 고 걸

사랑의 전의 법

사랑하는 마음
그대의 사랑 역시
그대로 튀어가는 봄

따뜻한 사랑이
돌고 도는 매화 향기
진취적인 사랑
그대로 튀어오른 봄

푸른 잎사귀 하나에도
새싹은 터오는 서쪽 하늘
봄바람의 시기
때 이른 꽃봉오리 젖어 도는 봄비

기대
참 예쁘다
바다

방동현

시인
62년 출생 서울 은평 거주
충남대학교 국어국문학과 졸업
1992 11 지방직 공무원 입사
2022 12 공무원 퇴직예정
문학고을 신인 문학상 수상
문학고을 등단 시부문

기대

어쩌다가
팽개쳤던 끈 하나 잡네요
문자도 카톡도 배달되지 않아
문 열어 봅니다
모두 닫힌 대문
누구도 다가오지 마 시위하나 봐요

자물쇠 덧대면
모른 체 지나리라 했는데

손 내밀 때 가시 쥐어 줄 걸
들려주는 꾀꼬리 노래
이어폰 꽂아 막을 걸

집 앞에
얼룩진 마음 청정수에 빨아 널면
달무리 헤치고
아침 까치 날갯짓 하겠지요

참 예쁘다

새들은 참 예쁘다
너도, 너도, 너도
너무 사랑스럽다

가지를 떠나 바람 따라
구름에 둥지 틀고
별을 따다 가슴 채우는

나로부터 시작되는
낙엽에 얹어 보낸 그리움
네 둥지 위에 나부끼면

지친 날개깃 다듬어
북극성 향하는 긴 여정

너로 인해
가슴이 뛰고
네 곁에 꿈길로 가는
안개꽃 무리 지어 깔리는 밤

바다

언제부터 바다를 끌어안고 살았나

툭툭 던져진 말들이 가시로 박혀
밤새 뒤척이다 여명이 어둠 쪼개면
해무 벌려 토하는 붉은 피

사람들은 소망이니 기대니
소원을 빌지만
정작 가슴이 녹은 아픔덩인 줄

욕심의 투망질로 든 멍이
푸른빛으로 배어 나와
출렁이는 줄도 모른다

가다가다 울분이 터져
해일로 일어설 때에야
하늘 향해 커져가던 사람들
키를 줄인다

감내가 버겁다

잔물결로 그르렁 대던 녀석
내 안에서 오늘도 지쳐 눕는다
늦밤이 등대지기 엄마 품을 부른다

천상의 여신
슬픔의 한 송이 꽃
비목

성용군

시인
64년 서울 출생
일출 문학회 입문(의정부)
한국문인협회 의정부시지부 이사
수상 및 공저: 문학고을 시선집 외 다수
의정부시 한국문인협회백일장
천상에 그리운 임
문학고을 신인 문학상 수상
문학고을 시 부문 등단
문학고을 자문위원

천상의 여신

한평생을 귀엽고 어여쁜
자녀들을 위하여
고생도 모르고 살아오신
그리운 님이시여

님의 뜻을 깨달았을 때
님은 이미 이 세상을 등 지시고
저 하늘로 소천하여
천상의 여신이 되셨습니다

하늘도 슬퍼서 울고
땅도 꺼지는듯한
아픔을 알았을 때
소중한 이미 천상에
여신이 되셨습니다

이승에서 다 못다 한 행복을
천상에서 다하소서
불초한 소생들은

두 손을 모아 기원을 드리옵니다

부디 왕생극락 하소서

슬픔의 한 송이 꽃

가슴을 쓸어내립니다
당신을 가슴에 담기에는
너무나 크나큰 마음에
상처만 남습니다

하늘을 쳐다보아도
보여야 할 구름은 안 보이고
당신의 환한 미소만 보여
눈물이 나옵니다

슬퍼도 울지 못하고
억장이 무너질 듯한
마음에도 자꾸만
당신의 환한 미소와
지난 추억이 생각이 납니다

이제는 울지 말아야지
하면서 입술을 깨물어도
자꾸만 눈물이 나옵니다

비목

한이 맺힌 조그마한
내 이름 세 글자 새긴 비목이여

홀로 서 있는 젊은 청춘
쓸쓸히 젊은 넋은
이산 이 고지에 잠들었네

내 젊은 내 청춘
이 고지에 잠들었노라
스물 젊은 청춘을 바치노라

이름 모를 이 산 저 능선 위에
고이 잠들어 한인 되어
눈물로 꽃 한 송이를
이름 모를 꽃 한 송이를
곱게 피우리라

내 친구

진짜

보고픔

송기식

시인
72년 충북 옥천 출신
은평 녹번교회 집사
병원 재직 후 퇴사
전업주부
문학고을 신인문학상 수상
문학고을 등단 시부문

내 친구

한 쪽 구석에서
언제나 우두커니 앉아 있는 널 보면
지루하고 따분하고 심심하겠단 생각에
미안한 마음이 살짝 올라온다

매일매일 지저분하고
더러운 것만 주는 나에게
묵묵히 덤덤하게 자기 할 일을
너무나 아무렇지 않게
잘 하고 있는
네가 너무너무 고맙고 자랑스럽다

같은 공간에 늘 함께 있으며
나의 모든 걸 알고 있을 것 같은(쉿 비밀)
내 친구 휴지통을 소개합니다

진짜

머리로 생각하고
눈으로 보고
귀로 듣고
손으로 만지고
발로 걷는다고 생각했는데

마음으로 생각해야 느껴지고
마음으로 보아야 제대로 보이고
마음으로 들어야 함께 할 수 있고
마음으로 만져주어야 녹아지게 되고
마음이 움직여야
몸도 움직인다는 것을~

보고픔

무궁화 꽃이 피었습니다 하고
되돌아 서면
네가 활짝 웃으며
나를 향해 서 있었으면 좋겠다는
상상을 해 봤어

알아알아
있을 수 없는 일이라는 거
알고 있어
알고 있다고
알고 있는데
알고 있지만
내 마음이 아직도
널 아주 많이 보고파 하네

그리운 벗
인생
아쉬움

송명재

시인
55년 서울 인천 거주
목민 도서문화연구원 편집부
금성출판사 편집국, 경호무술원 관장
세계 경호무술협회 제1대 총재 역임
사) 한용운 문학회원
문학고을 신인 문학상 수상
문학고을 등단 시부문
현) 문학고을 고문

그리운 벗

오늘도 잘 견디었지
걱정하는 그 사랑

지켜주는 그 향기
바로 나의 벗이로다

그대가 하늘이오
바다이니라

이만큼 보고프면
하늘 만큼이고

이 정도 그리우면
저 너머 수평선 끝 닿은
바다이니라

내가 벗이 그리운 만큼
벗도 나를 보고 싶은지
알 순 없지만
순간만큼은

내 벗의 머금은 그 정은
사무치더라

벗아
내 아픔보다는
네 아픔은 덜 했으면
좋겠어

순간마다
다가오는
그 정은 그리움에
스며들더라

인생

달려왔더니
아닌가 보네

실컷 달려왔는데
잘못 왔는가 보네

열심히 살고 저
뛰어왔더니
쉬어 가고파

세상 놓지 못해
달려왔더니
음 ~ 이젠 쉬어 가면
좋겠어

어차피 인생 짧은 것
이래저래 쉬어 가면서
기뻤으면 좋겠어

와서 보니 아직
얻은 건 없어

아쉬움

별을이고 가서, 혹여 힘들까
가지 못해 홀로 보냈더만,

구름 속 차가운 별,
얼음만 쟁여지었나.

핏빛 눈물, 낮에 내리면
임이 혹여 힘들까

새벽하늘 가기 전
동창에 그리움 그려놓았나

이 사람 죽고 나니 저리 예쁜데,
이 사람 살아생전 예쁘단 말
어이 못 해주었나

관을 보고 돌이키니
못 해준 게 이리 생각나는지…

저 사람 죽고 나니 불쌍한 사람.

내 사람인데, 사랑한단 말 한마디
어이 못 해주었나.

저승길, 적삼 사서 입히니,
그래도 신랑이 주었다고
죽어서도 눈물로 받아 가네

향초처럼 꺼지니 가슴만 찢어져
세월에 노을 담고 잊혀질 얼굴

철새 따라 늙어진 세월
가물가물 살아난 기억
별이 되어 잠 못 든
이 밤에 오르내리니

어느 사람 이제는 별빛 어디에…
북망 하늘 깊게 흩어 논 도화지에

내세에 못 다 그린 그리움
그릴 수 있을까

가시지 못한 그 얼굴 그리워하며
나도야 별을 이고 가는 그 시간까지…

상마빌딩 관리자
세 끼 밥상
동중학교

송윤근

시인
한국 방송통신대 3년 중퇴
별정직 공무원 퇴직
전) 주택관리 및 서비스업
30여 년 명상과 단전호흡 수련
경남대 평생교육원 시창작 8년 습작
문학고을 신인 문학상 수상
문학고을 등단 시 부문

상마빌딩 관리자

한 사람 앉을 통제소에서 드나드는 차량 확인
타가 코끼리 5년 반가움으로 이끈 은퇴직 왕국

전기 기계실 이웃인 정화조 옆
낡고 찌그러진 책상 하나
절뚝거리는 의자 세 개
앉는 자리가 찢어진 소파 사연들
기계음들에 얹혀 잉잉거리는 사무실이다

벽에는 군데군데 검은 곰팡이가 그리는 추상화
거미줄에서 춤추는 먼지 덩어리
메탄과 암모니아 가스
선풍기 바람에 호들갑 떨며 반긴다

조련사로선 꼬부라진 나이
주식 대박에 코가 꿰어 빚덩이 낚시한 그
코끼리 배속 지하 3층에 공무원 정년퇴직
콧대 내리고
계기판 스위치 작동에 주차장 모니터 익숙하다

입안 홀씨와 가스를 복 매운탕으로 씻어 내리기
삼십 분 남짓
지하 왕국에 간다며 위세 걸음짓으로 총총거린다

세 끼 밥상

밥상머리 눈치 보는 퇴직 삼 년
눈 내리깔고 몇 젓가락질

아내 자존심은 에베레스트산이고 욕심 창고는
태평양인지
망원경에 안테나도 높이며
본새마다 반찬이다
커지는 방귀 냄새만큼 구린 말투
보청기 볼륨 낮추고 낮춰도 천둥소리

가장이란 족쇄
청소기에 밀쳐지면서도
머리에는 용돈이 번개 치고
설거지로 삼식이냐 자존심에 두식이냐
굳은 눈귀머리 쉴 새 없이 삐거덕거린다

백수 헛배는 먹으나 안 먹으나 꼬르륵거리며
외출한다

동중학교

긴 밤 다섯 시, 금성이 베란다 창문에서 소곤소곤 일깨운다

"그때는 초가지붕을 타고 데리러 왔지
첫차인 디젤동차 타러 용전마을에서 덕산역
짚단 횃불로 배웅하는 어머니 품고 어둠으로
빨려 든다
마을에서 떨어진 방앗간 아래 옛 공동묘지
움푹움푹 들어간 계단식 논 이어지는 남산골 기슭

노래는 갈수록 작아지다 더듬더듬
아저씨 단골 얘기 처녀, 총각 귀신이
소름 돋우며
목소리 배 안까지 밀어 넣는다

바지에 가방이 스치는 소리
짚단 불에 언뜻거리는 그림자
매일 옷을 적셔
감기가 나을 새도 없었지

언제나 촉박하게 들깨우는 목멘 소리

삼촌 넷 이은 분가에 작은형 사업 실패
어머니 가슴을 바늘이 후볐을 빈 개줌치

늦게 가도 된다며 화물칸이 많은 증기 기관차
시험공부 노트 페이지 넘기기보다 느리다
빠듯한 등교 시간
구마산역 개찰구 가까운 칸으로
꽉 찬 통로 헤집으면
흘기는 눈초리에 꾸벅꾸벅
그마저도 막아선 삐딱한 고등학생 모자
앞 칸은 마른 침만 꼴깍거린다

역에서 뜀걸음으로 헐레벌떡거려도
책가방 오리걸음 하는 등굣길이었지"

푸르던 꿈은 개밥바라기 된 지 오랜데
잠 깨워 친구 하잖다, 별 볼일도 없는데.

가을 강가에서, 밀어내다
굴렁쇠
거미

송해진

시인
1972년 충청남도 부여에서 출생
고등학교에서 국어를 가르치고 있다
문학고을 신인 문학상 수상
문학고을 등단 시부문

가을 강가에서, 밀어내다

구름이
푸른 하늘을 밀어 내듯
강물은
강 언덕배기를 소리 없이 밀고 간다
힘없는 낙엽은 차곡차곡 쌓여
윤기 없는 푸석한 땅을 밀어 내고
인정 없는 바람은
앙상한 나무를 자꾸만 밀어 흔든다
퇴색한 요양원에 힘없이 누워 있는 그를 향해
등 떠미는 내 마음을
나는 애써 외면해 보지만
때로는 떠밀려 사는 삶이
편할 때가 있다고
가볍게
마음을 밀쳐 낸다
한여름 녹음에 떠밀려 꽃 떨어지고
단풍 빛깔에 떠밀려 눈 내리듯
결국 그가 떠밀려 누운 곳에
나 또한 떠밀려 가 본다
가을 물든 강물과 하늘 사이로

그의 울음은
바람에 섞여 흘러가고
그의 눈물은
강물에 더해 흘러간다
이렇게
또 한 생이
떠밀려 흘러간다
또 한 생을
밀어내고 있다

굴렁쇠

굴렁쇠가 굴러간다 쇳소리를 내가면서
가끔은 돌부리에 걸려 덜컹이기도 하고
지면에서 멀어질수록 휘청거리기도 하지만
제법 중심을 잘 잡고 굴러간다.
의지한 것이라고는 막대기 하나뿐이지만
그것으로도 충분하다 애초부터
중심을 비웠으므로 오히려
구르면 구를수록 그 막대기마저도 거추장스럽다
억지로 방향을 돌리려고 하는 사람에 의해서
굴렁쇠의 내부는 타원으로 일그러지고
급기야는 옆으로 누워버리고 만다.

그녀가 결별을 선언했을 때
나의 마음은 그녀의 부재로 가득 찼고
며칠이나 누워버린 적이 있었다 그러는 동안
그녀의 부재가 서서히 가라앉기 시작했고
그 부재마저 비우자 나는 일어날 수 있었다
누군가를 사랑하는 일이, 그리고
사랑 하나로 삶의 무게중심을 잡는 것이
결코 쉽지 않다는 사실을 깨닫게 되었다

그리하여 한때는 사랑이란,
마음을 비우지 않으면 중심을 잡을 수 없는
법이라고
사랑에 대한 정의를 내려본 적이 있다

굴렁쇠는 내부를 비운 채 중심을 잡고 일생을
뒹굴며 산다

거미

저렇게 투명한 집을 짓고
고요하게 잠들 수 있는 것은
어쩌면 헛발질 삶의 끝에
결국 자신을 받아 줄
집 한 채 방 한 칸은 있을 거라고
믿었기 때문일 것이다.

애초에 그는
오선지의 선을 따라
청춘을 설계하고 열망을 노래했지만
그의 생은 늘 오선 위였거나 아래였고
오선 안에서 비롯되지 못하였으므로
스스로 오선 밖에서 줄 긋는 습관이 생겼다

가벼운 줄 위에
무거운 몸을 지탱하면서
자신만의 소리에 익숙해진 그는
엘리제를 위하여 사랑을 노래했고
G 선상의 아리아로 평온을 되찾으며
비발디의 사계로 한 해 한 해를 견뎠다

가장 낮은 나뭇가지를 지붕으로 삼았을 뿐
거미의 집은 안과 밖이 구분되어 있지 않다.

알바 아가씨
아내
바다낚시

신갑식

시인
전남대학교 및 대학원 졸업,
문학춘추 신인상 수상,
수필문학 신인상 수상,
중등교장 역임, 수필집 『쉼표 찍기』
문학고을 신인 문학상 수상
문학고을 등단 시부문

알바 아가씨

전철 맞은편 좌석 아가씨
고단한 눈썹 자꾸 내려앉네

역구내에서
자주 보던 올 블랙 그녀

어떤 남자는 수영 다녀오고
어떤 여자는 24시 새벽 퇴근하고

비바람 안 불어도
세상은 고달파라

오늘은 어쩐지
수영가방이 무겁네.

아내

오늘은 아내가
야외 출사 가는 날

초보 사진작가는
카메라 챙기기 바빠

찬조금 주고 싶다 하니
2만 원만 달라 하네

커피값 2만 원
비워지니

지갑 속 사임당 누님,
알 듯 모를 듯한 미소.

바다낚시

그 해 겨울
배 타고 넓은 서해바다
바다낚시를 갔었지

일행과 잡은 우럭
선상에서
회 쳐 먹고 탕 끓여 먹고

그 누구도
부럽지 않은 시간

살아서 퍼덕이던 우럭 한 마리,

오늘도
내 가슴에 살아 펄떡이네.

외발 백로
봄꽃 인연
시간

신기순

시인
MBC 여성시대 2회 당선
고양시 백석동 바르게살기협의회장
원주여성문학인회 회원
문학고을 신인 문학상 수상
문학고을 등단 시부문
문학고을 강원 지부장

외발 백로

물오리 떼 사이 외발로 서서
먼 곳을 바라보는 백로
이 겨울 혼자가 되었을까

우뚝 선 다는 것은 외로움

언덕 위에 소나무 한 그루
퍼렇게 얼어 바람을 피하지 못하고
꿋꿋하게 버티고 서 있고

소나무 꼭대기 홀로 앉아 깃털 고르는
이름 모를 새 마저 외로움

겨울 샛강의 외발 백로
오늘 밤은 어디에서 고개 숙이고
외로움을 가슴에 묻고 서서 잘까

봄꽃 인연

강의 흐름처럼
봄꽃과 인연은 흘러가고

환한 미소로 봄날에
잠시 기쁨 행복 사랑을 주고

훌쩍 가버리는 봄꽃 인연은
아쉬움만 남기고
흘러만 가고 있다

기약도 없이 가버리고
초록잎 새로운 인연을
설레는 마음으로 기다리고 있다

시간

눈물을 감추려
고개를 들어보니 하늘
숙이고 보니 땅

더도 덜도 말고
손톱만큼만 슬퍼하자

사랑에 힘든
삶에 아픈 내색 않고

보고 듣지 않아도
지나가고 있다 시간은

기억의 따리
설날이 오면
엄마 바라보기

신정순

시인, 아호- 백운
문학고을 등단 시부문
샘터문학 등단 시부문
시집:『보리밭 뱁새알』출간
에세이집:『입암산 갓바위』출간
문학고을 계간 문학상 수상
샘터문학 우수상 수상
한용운, 한국문학, 정읍 문인협회, 전북 시인협회 회원
sinsJ- 0827@naver.com
원광대학교 문예창작과 졸업

기억의 똬리

무상한 세월의 저편에
식어가는 커피잔의 얼룩이 묻어난다

보리수 옆 여유로움이 날갯짓
하고 얄궂게도 시샘하는 햇살이
잎 사이를 비집고 들온다

그늘을 앉힌 탁자 위
식어가는 커피잔을 감싼
너와 나 두터운 정이 피어난다

기나긴 흐름 속
강하게 삐져나온 한 가닥의 휴식
다시금 찾을 수 없는 커피잔 속 얼룩을

냉혹한 서릿발을 제치고 솟아 나온
푸른 칼날과 함께
더듬어 더듬어 기억의 똬리를 풀어본다

설날이 오면

설날이 오면
냇가 건너 기차 소리 귀를 세운다

철커덕철커덕 완행열차
위 짐칸 선물 보따리 눈에 넣고
밤새 새벽달 그리며 달려올…

바쁜 가을걷이 끝낸 큰 오빠
서울 간지 두어 달
한 농에 뻔한 시골 살림
한 푼이라도 힘이 될까
용돈벌이 겸이다

새벽녘 우리는 대문 없는 집 앞에
눈꼬리 치켜뜨고 한곳을 본다

희미한 모퉁이 돌아 제법 묵직한
보퉁이가 눈에 들오고 훤칠한
키에 빙판길 발 미끄럼을 타며

오는 오빠가 보인다

"엄마 —"
우리는 쏜살같이 마당으로
들어서며 소리친다
누구보다 속 빠지게 큰 아들을
기다리는 엄마를 아는 우리다

막 부석작에서 불을 지피던 엄마
솔가지를 쑤셔 넣고 정지문을
밀고 나온다

타지 떠났다 돌아온 큰아들
찬 한 가지라도 챙기러 부산하던
엄마 얼굴에 반가움이 역력하다

마당 한 곳 밀어붙인 하얀
눈섬 옆 쪼르르 서 있던 우리는
엄동설한 활짝 피어나는 복사꽃을본다
울엄마 얼굴에서

설날이 오면.

엄마 바라보기

이층 창문 난간 꼭 잡은 두 손에
잔뜩 아쉬움이 배어있다

방금 엄마가 유치원 문안으로
나를 들여주고 나간 뒤다

유치원 방 이층 계단을 오르다
차 문을 여는 엄마를 본다

울 엄마다
발길을 멈춘다

꽝 차 문을 닫고
부르릉 시동 거는 소리

내가 쳐다보고 있는데

꽝 망치로 얻어맞은
것처럼 멍하다

희미한 바큇자국만 뚫어져라 본다

유치원 안으로 밀어 넣어준
야속한 엄마는

눈곱만큼도 내 생각 안 하고
씽씽 쌩쌩 도로를 달릴게 틀림없다

오늘은 보이지 않는 망치로 또
얻어맞기 전에 엄마에게 말했다

기다려 달라고
엄마 출근길 인사해 주겠다고
이층 창문에서

모닥불과 당신, 그리고 나
놀이터
비움이 채움을

화운畵雲 신준호

시인, 동국대학교 경영학과, 광고홍보학과 졸업
시집 『시로 띄운 구름이 비가 되어 내린다면』
시를 쓰는 마케터로서 시인과 마케팅 콘텐츠 작가로 활동 중
전) 종근당건강 프로메가 브랜드 매니저
현) 씽굿커뮤니케이션 마케터
현) 마케팅 콘텐츠 크리에이터 '마케팅 정류장'
문학고을 신인 문학상 수상
문학고을 등단 시부문

모닥불과 당신, 그리고 나

매일 밤 작은 모닥불을 피우는 당신
불씨 한 줌 춥지 말라며 재로 덮어주네
언젠가 왜 매일 불을 피우는지 물었지

그대 삶이 차갑다 느낄 때마다
죽은 시인의 낡은 시집 같은 장작을 모아
영원하지 못한 불을 피워 자신을 본다 하네

뜨겁게 타오르던 때는 언제였는가
따스하게 빛나던 순간은 언제였는가
흩날리는 연기 속에 슬픔을 섞었는가
푸석거리는 재엔 미련이 남았는가

꺼진 불을 뒤로한 채 떠나는 당신
비록 불은 꺼졌지만 아직 재는 뜨겁네
무엇이 그토록 그대를 타오르게 했는지
나는 말없이 낡은 시집을 놓고 가네

그대여, 내일 피우는 불을 더 오래 봐주오
내 시는 차갑게 식었지만 마음은 따뜻하길

놀이터

불안할 때면 놀이터에서
그네와 시소, 미끄럼틀을 탄다

어른이 되어서야 보이는 것들이
마음에 무너지지 않을 모래성을 쌓는다

계속 뒤로 가더라도
금세 내려가더라도
다시 앞으로 가고
또다시 올라갈 수 있으니

멈추지 말고 이 흔들림을 즐겨보자고
어린 시절의 내가 아직
성장판이 열린 나를 다독여주며
흔들리지 않으면 놀 수 없다며

비움이 채움을

단지 모든 것들의 비워진
어떤 것을 사랑할 뿐이다

비움으로 다른 것들을
바라보고 품어 안아본다

네 비워진 그곳엔
제법 찬바람이 불지만
타는 내 마음이 서로 만나니
비운 곳엔 봄이 채워질 테니

꽃샘추위도 오지 못할
이 빈자리로 들어와주길 바란다

봄은 사랑하는 이들에겐
더없이 따뜻하고 포근할
어떤 것들의 비움, 채움, 아름다움

풍경風景
단비
하루 종일 흐린 날

안귀숙

시인
59년 안동 출생
솔농장 대표
제9회 희망봉광장 등단 시부문신인 작품상 수상
공저: 문학고을 시선집 외 다수
문학고을 고문

풍경風景

바람이 나를 울린다

구부러지고
뒤틀린 세상 가운데

결국
나를 사랑한 너

바람 부는 대로 흔들리며
뎅그렁 뎅그렁

생각 없이 살수 있다는 것

바람 너
바람 너뿐이었어…

단비

몹시 기다리던 목마름에
황사까지 야속하더니

드디어 임 오시어
사랑의 갈증 채워주고

산과 들 촉촉이
회포 풀어 적셔주니

톡 톡 터지며 돋아나는
눈에 보이는 모든 곳
봄이 왔습니다

빈 나뭇가지 끝 타고
미끄러져 내리다가

양지 끝 모퉁이도
여인네 치맛자락에도

수줍은 아이 얼굴에서도

화사하게 웃음꽃이

이젠 어디로 갈까
다시 또 비가 떨어진다
이 비를 기다리는 너의 집 앞을

살랑살랑
춤을 추던 친구
여기저기 모여서 의논해요…

하루 종일 흐린 날

빗방울
서너 개 날리다 말고
잔뜩 찌푸린 날입니다

비라도 내려 매캐한 미세
먼지 씻겨 주었으면…

화려한 봄이 오기까지
겨울 향기 품은 바람이
자꾸만 시샘을 합니다

사랑도 역시
가까이서 보면 애잔하고

멀리서 보면 안타까운
꽃바람 날릴 때
피어나는 진달래꽃이더라

홀로 가면 어두운 사막이고
진흙길도 임과 함께 걸어가면

사랑 만개한 황홀한
봄길이더라…

남겨질 기억
말린 대구의 사랑
허름한 찻집에서

양경숙

시인
한서대학교 시 창작 초빙교수
시와 창작 등단, 한국창작 문학 수상,
시 낭송 전문가, 시 낭송론 전문 강사
원광대학교 행정대학원 수료
동국대학교 평생교육원
주) 대성 화학 대표이사
시집: 『지지않는 글꽃』 『엄마도 엄마가 보고싶다』
현) 문학고을 고문 및 등단 심사위원

남겨질 기억

암울했던 시월 마지막 날
당신을 처음 만났지
이 날을 기억한다는 건
쓴 약 같은 고통인지도 몰라

너는 나를
나는 너를
첫 시작부터 우린 음역이 달랐어
긴 시간 동안 화음을 맞추는데 노력했지만
서로 다름만 인정할 뿐이었어

난 너에게
넌 나에게
어떤 의미로 남아
결고은 노래를 할 수 있을까
이별은 도둑처럼 찾아드는데

어쩌면 당신도 먼 훗날
가을이 익어가는 자작나무 숲에서
누군가에게 아주 먼 옛날 얘기처럼

그런 사람이 있었노라 말할지도 몰라
나에게 들려주는 지나간 노래처럼

말린 대구의 사랑

살던 곳 떠나 왔으니
두려울게 무엇일 거나
내장을 도륙당하고
숨줄을 끊은들
무엇이 겁날 것이냐

사형대에 목을 달고
뜨거운 태양은 용광로처럼 달구어
구석구석 빈틈없이 익히더라도
뼈를 훤히 드러낸 뱃속을
바람 끝없이 불어와
물기 한 톨 없이 비쩍 말리더라도

기꺼이 네 밥상 올라 타
하얀 살점 길게 드리워
죽어서라도 죽지 못한 혼으로
시들고 지쳐버린 중생들을
들불처럼 일으켜 세우리라

허름한 찻집에서

가을 햇빛이 고와 나선 길
길가에 놓인 탁자 위로
햇살이 눈부시게 빛나고 있다
흰머리의 할머니와 구부정한
할아버지 노인 두 분이
국수 한 그릇과 막걸리 한 사발을 들고
누군가를 부르는 모습이 정겹다

트럭 한 대에다 탁자 몇 개를 놓고
이름 없는 가수가 차와 몇 가지 식품을 팔고 있다
작고 손때 묻은 탁자에 앉아
커피 한 잔씩 시켜놓고
우리는 시를 얘기하고 사랑을 얘기한다

인제야 눈에 보이기 시작한 노인들
공원을 걷다가도 손잡고 걷는
노부부를 본다거나
불편한 몸으로 운동하는 사람
벤치에 앉아 서로를 바라보는
눈길에 애잔함이 묻어나는 부부

조금은 부럽고
조금은 존경하는 마음이 절로 생기는 걸 보면
나도 그 언저리 어디에 있기 때문이리라

천천히 공원을 산책하며
여유로운 풍경과 사람들
평화롭게 노니는 새와 구름
햇살 가득 담고 귀가 쫑긋 할 정도로 잘 부르는
뮤지션 앞에선 몇 곡을 공짜로 들었다

눈이 즐겁고 귀가 즐거운 시간을
뒤로하고 치맥으로 목을 축인다
허름한 찻집에도 사랑이 피어나고
웃음과 정이 오간다
밖에 나오니
어둑어둑 손짓하는 밤 길이다

겨울비
기다림
아름다운 약속

양태인

시인, 인천 출생 인천 거주
현대시선 시부문 신인문학상 수상
열린동해문학 시부문 신인문학상 수상
열린동해문학 제14회 작가문학상 금상 수상
현대시선 문인협회. 열린동해문학회 정회원
소래포구축제. 만수산 무장애 나눔길.
광교호수공원. 전곡항 여름축제 시화전 참여, 현대시선 감성문화제 참가
공저: 감성의 온도』, (33인의 감성 앤솔러지). 『문학고을 제7선집』
『13월의 시』 (명작시 산책), 초록물결 제8집 『매듭』 시집: 『인생길』 출간
현재. 대한주택관리사협회 인천시회 고문

겨울비

비가 내린다
그리움이 스며드네

촉촉이 내리는 겨울비 속에는
인생길 추억이 묻혀있고
쉼 없이
눈물 되어 맺히는 빗방울

귓가에 퍼지는
그 시절 음악에 젖어
끝도 보이지 않던 길을
아내와 잘 걸어온 것 같다
감사와 행복함으로 가득한
겨울 빗방울 잔치

내 마음 잔잔한 호수속 물향기되어
온화한 아내의 품속으로
끊임없이 내리고 있다.

기다림

추억을 더듬어
잊혀진 얼굴을 그려봅니다
그리움으로 다가와
반가움으로 변합니다
그래서
우리 모두는 무엇인가를
기다리며 사나 봅니다

누구나
추억을 찾아
인연들을 그리며
행복을 찾아가는 연습을 하고 있습니다
사는 동안
서로가 기다림 속에
보고파하는 삶을 살고 있습니다.

아름다운 약속

아름다운 인연 속에는
비밀스런 약속이 숨어있다

힘들때나 슬플 때
누군가 보고파질땐
그 시절 소중한 비밀 주머니를 열어본다
마음 깊숙하게 숨어있는 신비스러움

누구도 알 수 없는
누구에게도 말할 수 없는
혼자의 고운 입가에
그리움을 머금게 하는
은밀한 추억 약속

사는 날까지
고이 접어 품고 가리라
나만의 소중한 비밀 주머니이기에.

이름 없는 집
윤회의 집
붉은 집

양희범

시인
원광대학교 원불교학 학사
원광대학교 문예창작 복수전공
원불교대학원 대학교 원불교학 석사
소태산 문학상 우수상(시, 소설)
-백일홍 붉게 번지는 날, 2019년
-피지 못할 연꽃, 2020년
문학고을 신인 문학상 수상
문학고을 등단 시 부문

이름 없는 집

하늘을 따라 걸었다

이름을 불러줄 이가 없기에
흘러갔다
별들 사이를

걸음을 따라
별들이 흘러내렸고

남겨진 밤하늘이 걷고 있었다

집으로 돌아가는 길

별자리에도 속하지 못해
이름 없는 별들을 위해
하늘에 집을 지었다

윤회의 집

어머니 그런 눈으로 쳐다보지 마세요 돌아오고 싶어서 돌아온 게 아니니까요 왜 항상 마지막 발자국은 집으로 귀결되는 걸까요 이게 진리라면 진리는 오늘부터 없는 거예요 아버지처럼 살고 싶지 않다고 하셨잖아요 저도 마찬가지입니다 이건 진심이에요 거짓말처럼 돌아왔지만 이럴 줄 알았으면 태어나고 싶지 않았어요 태어난다는 걸 정할 수 있다면 우주를 폭발시키지 않았을 거예요 눈 뜨기 전에 세상은 존재하지 않으니까요 또다시 같은 길을 갈 거면 사람은 무엇 때문에 살아가는 걸까요 말 없는 표정이 가슴에 씨앗을 심고 있습니다 가지도 나무라지만 뿌리 없는 가지가 있던가요 모든 게 제 탓인 것처럼 말하지 마세요 매달려 살아갈 뿐입니다 집으로 돌아올 수밖에 없는 운명인 걸요 운명을 탓하진 않을게요 뿌리내린 이상 대지를 떠날 수 없다는 걸 아니까요 문제를 알려주세요 언제쯤 집을 허물 생각이세요 이제는 떠날 때도 됐잖아요 어머니가 떠나시지 않는다면 저는 떠날 수가 없어요 새로운 길을 개척해 주세요 모든 게 다 제 손을 떠나있습니다 흩어진 별들을 모아 집을 지었다고 하셨죠 지금도 별들이 부서지고 있어요 먼지가 반짝이는 게 보이시나요 어디로 가야 할지 알면서도 가지 못하는 저 또한 반짝이고 있습니다 찰나라는 말을 믿으시나요 저는 찰나로 부서지고 있습니다 눈을 감았다 뜨면 저는 이제 다른 사람이 될 테니 눈을 떼지 말아 주세요 다시 볼 수 없을 저를 눈에 담아주세요 그렇게 저는 끝없이 분열합니다 끝없이 띠 안에 갇혀서 돌고 있습니다. 눈 감지 못한 삶들이 별처럼 하늘에 수없이 박혀있네요 집입니다 어머니 다시 돌아왔을 때는 저를 봐주시겠어요 돌아올 수밖에 없는 집에서 저는 하염없이 반짝이고 있습니다

붉은 집

아무도 오지 않는 동산 위에 집 하나가 자리했다. 듬성듬성 자란 잡초들이 덧없이 쓸쓸했고. 새하얀 울타리가 세상을 단절시켰다. 시뻘건 벽돌에서는 사람 냄새가 났다. 비릿한 쇠 냄새가 공간을 채워갔다. 어느 누구도 신경 쓰는 사람이 없는. 붉어지는 게 다행이라 생각했다.

눈을 감으면 초대한 적 없는 친구들이 집으로 놀러 왔다. 바란 적 없는 바람이기에 쓸쓸하게 눌러앉아, 얼굴에는 점점 열꽃이 피어났다. 붉은색으로 물들어. 미련처럼 심장에 들러붙은. 흐르지 않는 물처럼 고여 비릿한 냄새. 한 번도 친구라 생각한 적 없는 사람들을 친구라고 불렀다. 왜 이렇게 이상이 크니. 보이지 않는 담벼락이 끝없이 두터워졌다. 견고한 빗장으로 통과하는 바람. 웃기지도 않으면서 미소를 지었다.

앉아 있으면서도 신경은 바깥으로. 눈을 감았으면서도 시선은 세상을 꿈꾸고. 아랫배에서는 언제나 통증이 느껴졌다. 뜨겁게 따가웠다. 따뜻한 시선으로 바라볼 수 있다면. 햇빛을 받아 담벼락이 홍조를 띠었다. 양의 탈을 쓴 늑대들은 언제나 식상하지. 붉은 벽돌로 집을 짓지 말았어야 했어. 알지도 모를 말만 하는 사람을 현자라고 한다던데. 우리는 종종 미래를 예측해 보곤 했다. 어디에도 속하지 못한 경계에 서서 주변의 모든 것을 적이라고 말하고. 어디에나 반편이뿐이었다.

붉은색으로 물든 벽 사이로 이끼들이 무성히 자라났다. 빛바랜 생각들이 벽돌 사이의 간극을 벌리며 틈을 비집었다. 금이 갈수록 단단해져 가는. 주인을 찾지 못해 공허한 밝기. 빈집을 가득 채우는 시궁창 냄새. 비우라는데 비울 수 없어서. 갈라진 틈으로 고여있던 빗방울이 흘렀다. 빗금을 그으며 숫자를 헤아릴 수밖에 없는, 조금씩 비워지길 기다릴 뿐인, 붉은 집이 울었다.

고드름
봄의 모독
갈대

염혜원

시인, 대일외고졸 , 서울예대졸
캘리그라퍼, 플라토스쿨 홍보대사
UN국제평화교류기구 홍보대사
중입자치료지원센터코리아 실장
제6회 전국여성문학대전(동시부문 대상)
문학고을 신인 문학상 수상
문학고을 등단 시부문
문학고을 서울지부 부지부장
대한민국 중견 시인 시선집 발간 및 문학상 공모 대상
현) 문학고을 서울지부 부지부장

고드름

얼어붙은 하얀 겨울
처마 끝에 매달린 수정 막대기

누구의 눈물이 얼어 내려
겨우내 봄을 기다렸던 것일까

얼어 내린 눈물 끝을 따라가면
살아온 흔적들이 날을 세우고 있다

천둥 번개를 징검다리 삼아
세상 속의 나를 알아가던 시절

목이 메게
너를 부르고 싶었다

눈부시게 빛나는 보석
아름다운 세상으로 녹아내리는 봄이 온다

봄의 모독

바람 부는 마른 가지에
봄비가 툭툭 떨어지는 밤
향기 젖은 낡은 겨울이 간다

못다 한 사랑이
그리움 터트리는 봄의 모독
쏟아지는 이야기를 삼키며 핀다

피고 지는 것들이 침묵했던 계절
애끓던 겨울이 사그라들고 있다
내가 더 사랑한다고 말할걸

겨울을 살아낸 고독이 미소를 보낸다
내 삶에 머물며 나를 위로하는
너에게도 봄을 보낸다

갈대

그리운 시간만큼 자란 키
서로 기대어 바람의 소리를 듣는다
사소한 바람결에 누군가를 부르고 싶다

바람 짙은 날
같은 곳을 향해 휘몰아치는
이 가을의 흔들림

부르다 흔들리다
바람 속 눈물을 듣는다
바람에서 자란 내 마음

흔들리면서
꺾이지 않는 갈숲 안에서
바람과 이야기를 이어간다

허수아비
잃어버린 열쇠
거울을 보다

오성철

시인, 문학박사
국제회의 통역사, 번역가
전 제주대학교 통역대학원 강사
전 제주교육대학교 초등영어교육과 강사
전 인재개발원 강사
문학고을 신인 문학상 수상
문학고을 등단 시부문

허수아비

볼품없는 마른 나뭇가지
명품 누더기 걸치고
두 팔 벌려 한껏 뽐낸다

때로 바람 불어 벼 흔들고
때로 소낙비 내려 흠뻑 적시고
때로 뙤약볕이 살을 쪼아대도

기다린다
그곳에서

팔 벌려 오라는데
참새는 떠나고
팔 굽혀 손짓하고 싶지만
가위눌려 말을 듣지 않는다.

잃어버린 열쇠

열쇠를 잃어버렸다
녹슨 자물쇠 풀리고
문틈 비집고 들어온 찬바람이 명치를 때리고 나서야 알았다
누군가 열쇠를 가지고 갔다는 것을

바람이 가져갔나 보다
문이 열리면 슬몃 들어와 이것저것 날려 어지럽히고
문을 닫으려 하면 문틈으로 들어보내달라고 종일 윙윙 울
어대는 걸 보니

아니다,
비가 내려 유리창에 빗방울 맺힐 때도
느꺼운 감정이 유리창을 따라 물줄기 되어 흐를 때도
문은 열렸다

빗방울, 따스한 솜털 되어 내릴 때도
문은 여전히 열렸다

누구일까,
나의 문 열고 가슴으로 들어와 머리까지 머물다
그토록 아린 그리움만 남기고 떠나는 이.

거울을 보다

거울 앞에 섰다
허름한 흔적과 눈이 마주쳤다
익숙한 모습이
낯설다

심연 속으로 빨려 들고
과거와 현재를 광속으로 오간다

그저 비추고 있을 뿐인데
세월에 패인 얼굴이
나를 보고 있다

그 속에서
나의 세월이 숨 쉬고 있었다.

문어
길
밀당

오정영

시인
한국방송통신대학교졸업
충북 청주 평생학습 자치회장
부산 서구 평생학습 인플루언서
부산 서구 평생학습 활동가
네이버 블로그 운영(먼산 오정영) http://blog.naver.com/ohjy27먼산ajstks
저서(시집):「선유도 가는 길」,「그래요, 술이 뭐 어쨌다고」
문학고을 신인 문학상 수상
문학고을 등단 시부문

문어

매화 醉 하는구나
진달래
개나리

잡식

봄
여름
가을
겨울

으하하하 ~

서울
대전
대구
부산 송도

길

타박타박
멀어져 가는 그림자 밟으며
꼬리에 꼬리를 물고

오리
병아리 삐약삐약

땅거미 사랑가 부르는데

행여 길
노랫가락 차차차

손 금 속으로
구불구불 이어지는
마음의. 길

허겁지겁 뒤만 쫓다
어느 산에
단풍이 들었는지 서리가 내렸는지…

황혼이라 말하지 마라

밀당

내 영혼을 흔드나

하회탈이 춤추는가
모닥불이 신명 났다

덩실덩실

무당도 아닌 것이 장군 신이 내려
작두를 타려 하나

꼭두서니 달 따러 가는데 그림자는 어디로

밀당

봄을 시샘하는
꽃샘추위는 눈치만 살피고

서산에 떨어지는 해는
짧기만 한데

신발 끈만 맨다

우리 할머니
6월
뉘 죽은 여礖

오진택

시인
제주특별자치도 부이사관퇴직
제주한의약연구원 이사장(현)
농장운영(현)
문학고을 신인 문학상 수상
문학고을 등단 시부문

우리 할머니

흉년에 곳간 풀어
벼슬을 받은 외갓집 며느리셨던
우리 할머니
갈을 걷이가 끝나면 큰 항아리에
좁쌀 오메기 술을 담그셨다
술이 익어가는 동안
술독은 구슬땀을 흘렸고
흰 광목 수건으로 닦으시면서 거들게 하셨다.
동짓달 섣달이 지나면서 술독에서는
흙과 마람 세월이 합쳐진 할머니 냄새가 났다.

춘궁기
하루 일 품 겉보리 두석되
할 일보다 늘 일꾼이 많았다.
점심때 큰 대접 사발에
오메기 술을 따를 때
손가락이 적셔지도록 가득 따르게 하셨다.

세월이 흘러
한 잔의 막걸리를 철철 따라 권할 때
웃으시는 할머니 모습이 보인다.

6월

5월에 밀리고
7월에 눌린다.
봄은 이미 헤어진 사이라 하고
여름은 눈을 흘린다.
코 꿰이고 멍에 턱에 피멍 울진
새 밭갈이 사릅소
두 손 불끈 쥐고
나 6월이야 외쳐보지만
응어리져 맴돈다.
빨강 주황 노랑 보라
봄의 사연을 어루만져야 할
6월은 푸르름 때문에 더 아프다.

진정 신이 유월 해를 길게
만들어 놓은 이유가 있을 터인 져

사릅소(제주도 방언) –
세 살짜리 소, 밭갈이를 배운다

뉘 죽은 여礁

바다와 하늘이 맞닿은
서귀포시 남원읍 신흥 보말동
초하루 보름이면 끊어진 듯 이어진
작은 여에 우리 누이가 산다

봄이면 더 배 고프던 시절
바람의 신 영등할망이 뿌린 해산물 씨앗은
어김없이 풍요를 주었다.
바다에 안 가면
도둑질하려 한다는 3월 보름물끼
바릇 잡이 갔던 오누이는
밀물이 여를 이어주던 돌길이 끊어진 줄도 몰랐다.
점점 차오르는 물길, 살려야 한다
새 물질 배우던 누이는
죽을힘을 다해 오라비를 뭍으로 올리고는
다시 돌아오지 못했다
열한살 비바리는
그렇게 용궁으로 떠나갔고
한동안 보말동 사람들의 가슴속에 살다가

이제 여가 되었다.

누이 죽은 여

-19℃ 겨울 어느 날
봄꽃
잉태

옥광대

시인, 아호 허천許天
약사, 약학박사
주) 동아제약 연구소 수석연구원
경인식약처 의약품 심사관
주) 에프앤디넷 상무이사
현) 약국 경영
저서: 『약소비를 줄여야 더 건강해진다』 (좋은땅출판사, 2008)
문학고을 신인 문학상 수상, 문학고을 등단 시부문
현) 문학고을 고문
E메일: oakkd@hanmail.net

-19℃ 겨울 어느 날

추위도 추위를 피해
품속으로 파고들고

따뜻해진 추위만큼
내 육신은 얼어간다

곧 다가올 봄의 희망
마음의 화톳불 되어

겹겹 얼음 모진 겨울
매화꽃 몽우리질 때

이 역시 사라져 갈
한순간 하얀 입김이리라

봄꽃

네가 봄이니
나도 봄이다

네가 꽃이니
나도 꽃이다

예쁜 네모습
갖고싶은 나

꽃비되는 너
보지 않으리

이별하는 너
닮지 않으리

잉태

생명 하나가
새 생명 불씨 하나를 머금었다

생명 하나의 절제로 이루어진
사랑의 배양액 속에서

불씨는 점차 타오르며
생명 탄생의 비밀을 풀어 가네

따뜻한 꽃잎이 응원하고
무더운 햇살은 비껴가며

화려한 단풍이 꿈을 주고
차가운 눈보라가 숨죽일 때

우렁찬 울음이
온 세상에 퍼진다

끊길 듯 끊이지 않는
생명의 연결고리

이건 축복이어라
이건 기적이어라

3月 소묘
한낮의 유혹
그믐달

윤은원

시인, 1961년 전북 김제 출생
익산 원광고등학교 졸업
원광대학교 사범대학 국어교육과 졸업
전북대학교 교육대학원 졸업(교육학 석사)
군산대학교 행정대학원 졸업(석사)
현 고등학교 교사
문학고을 신인 문학상 수상
문학고을 등단 시부문
문학고을 최우수 작가상 수상

3月 소묘

한창 양지陽知 바른 산비탈 여울에서
싱그러운 연정戀情을 속삭이는 행복이 몰려온다.

한 발 두 모금
듬직한 산허리 휘감다 보면
고동 소리 배꼽까지 기쁨을 몰고 왔다.
호젓한 산객들에겐 하염없는 은총이지만,
말 못 할 고민 쓸쓸히 끌어안고
떠오는 달빛에 토로하는 서운한 맘.

붉자주 산철쭉 점박이 파편과 흰 눈 녹는 벚꽃 싸라기
별빛 투박한 개나리꽃 어우러져 보듬더니,
허연 이 드러내 연지 바른 목련의 까칠함은
구성진 노랫가락 음계 아우른 합창단.
쓰린 아픔 이겨낸 근성의 모진 시간
정붙여 품 안에 키운 진한 사랑
애증의 기쁨도 누려보질 못하고
허망하게 보내냐며 근심으로 세운 나날들.

가기 싫어, 보내기 싫다고 꽃눈물 짓는

흩날리는 3月의 뙤약볕 아래
마음 두고 떠나야 하는 길이기에,
만날 하늘 소망 큰 행복으로 달래놓고
영근 꿈 찾아 그렇게 휘휘 가나 보다.
겸손한 그 님 손잡아 주시는
붉은 쌈지 속 샛노랗게 이글대는 4月의 산당화 곁으로.

한낮의 유혹

온갖 환상이 피어나 낭만을 펼치는 황홀한 무대로
흐드러진 진달래꽃 사이 지나 백일홍 향기 품으로
꾸벅꾸벅 밀려드는 파도를 넘어 뽀얀 물거품 속으로
수려한 계곡 모퉁이로 돛단배를 맘껏 저어가다가
쌀 튀밥 같은 물보라 시원하게 부서지는 끝자락에서
순간 겁이 나서 무언無言의 고갯짓을 했다.

어린 나의 손을 꼭 잡고 질펀한 논둑길 걷다가
산안개 자욱한 솔 밭머리에서 말없이 바라보던 모습.
마루 위 걸터앉은 할머니의 허름한 무표정도 잠깐
헛걸음 몸부림으로 짚어보던 측간 항아리 발판.
조심스런 발걸음 내딛던 뭉툭한 시냇가
물속 벗겨진 헌신짝 건지려던 그때,
오래된 장꽝 사이 소복한 흰 꽃 딸기 송이 보이고
희미하게 들리는 누구의 외침이 뒤통수를 흔든다.
쥐가 난 잠꼬대 허수아비 몸부림을 쳤나 보다.

쏟아붓는 햇살 아래 고요한 바람 살랑거려
이슬방울 대롱대다 정처 없이 떠는 처맛물 마냥
산자락 밑 뿌옇게 이는 하루살이 안개 같은 잠.

아름답고도 달콤한 향연을 의식하며
무겁디무거운 눈꺼풀을 이기지 못하는 이 순간
배시시 눈을 치켜뜨고 샘솟는 욕망을 억눌러본다.

말씀이 육신이 되어 온 맘에 잔잔한 파장을 일으키고
연약해진 나를 사탕처럼 꼬드기는 유혹 한 마당.
천근보다 무거워 항우도 들지 못할 속눈썹.

그믐달

둥근 문(moon)을 열면
애처로운 시린 서러움이 몰려올 것 같아,
보고픈 마음 모아 끌어안고
숨죽여 처연한 마음만 다독인다.

고요가 쏟아져 덮친 어둑한 밤
어느 한 모퉁이에선 열정이겠다만,
꿈 찾는 숨결 찾아볼 길 없어
그리운 마음만 애태우고 섰다.

온전한 성체聖體를 준비하기 위해
네 잠을 깬 누에의 산고産苦를 배우듯,
빛나고도 화려한 치장을 벗어던지고
잠잠히 숨은 수줍은 신부가 된 지금.

차면 기우는 것이 진리이듯
비우고 나야 다시 채워지는 법을 배워,
만삭으로 다시 오를 날 손꼽아 기다리며
침전하는 그대는 듬직한 어둠의 왕.

영광의 시절 가냘픈 눈썹 자국만 짙게 남기고
꿈 찾아 나선 걸음 허공 너머 꽉 찬 우주 속으로.
이지러진 아픔 미련으로만 되새김질하면
어둠 속을 헤매는 여리고 고독한 방랑자일 뿐.

단잠 뜬 눈으로 기다린 새벽녘
문틈 사이 은백색 순결로 다가온 초라한 사랑.
다시 찾아올 충일한 생명의 기쁨 기다리며
그믐에 지쳐 숨어버린 조각난 아픔.

고향

강아지 둘

청량산에서

이만수

시인, 수필가
1967년1월31일 전북 전주 출생
1991년 육군 제대
1993년 중앙대학교 경제학과 졸업
1994년~현재
㈜ 세광섬유 경영지원부 이사 재직
1997년~현재 경기도 안산 초지동 거주
문학고을 신인 문학상 수상
문학고을 등단 시부문
현) 문학고을 충남 지부장

고향

저 언덕 꼭데기 작은 성당
조그만 전등불 오두막 한 채

졸졸 시냇물 따라 흐르는
젖내 나는 동심童心

골짝마다 피어오르는 예향禮鄉
뭉실 구름 하얗게 떠다니는 곳

젖은 강보襁褓 마르기 전
새벽 장場 달려가신
어머니 어디 갔소

긴긴 겨울 무시로 내쉰 한숨
까—깍 울고 가는 까마귀

유유히 흐르는 물줄기
타고 넘는 유년幼年의 기억

줄줄이 매달린

처마 끝 붉은 곶감 하얀 이끼
꽃 되었어라

단맛에 깃든 여운餘韻
쓴 듯 단듯 떫은맛

바짝 마른 벼이삭
꼬습게 타오르는 부엌 연기

잔불에 구운 감자
숯검댕이 붉은 입술

고샅길 뛰다니는
강아지 한 무리 뒤편

호시탐탐 엿보는
나이 들어 배고픈 고양이

간짓대 사이사이
휘도는 바람 소리

마음 돌아 가는 곳
어디인지 몰랐어라

강아지 둘

코코 마주한 강아지 둘
하얀 털옷 입고 마주 보는 여린 눈빛

데구루루 굴렀다
쭈뼛! 일어서는 네 다리의 힘

닮은 꼴 눈웃음
까르륵 큭큭 똑같은 웃음소리

초저녁 어미 젖 찾아
헤어지는 슬픔 따윈 아직 몰라

하나는 대문 앞 개집으로
하나는 안방 건너 며늘아기방으로

아장아장 기어가는 강아지

청량산에서

봉화 청량산을 오르며

청량사 깔끔한 마당
낙엽 한 잎 구르지 않으니

자란봉 지나 장인봉
뉘 있어 내려 다 볼까

산 아래 낙동강
천 길 돌아 뻗어 가는데

지치고 목마른 나그네
선학정 맑은 물
발 담그고 푸념일세

김생폭포 김생굴
어찌 어둡다 말하리오

다리는 높이 올라
하늘 잇고 누웠는데

폭포는 요요(嶢嶢)하게
아랫마을서 요동치네

커피 세리머니

해미 海美

아파트 불빛들

이성의

시인, 74년 충남 천안 출생
천안 북일고 졸업
명지대 전기공학과 졸업
명지대학원 제어 및 로보틱스 전공
現) LIG넥스원 전자전 연구소 수석연구원
문학고을 신인 문학상 수상
문학고을 등단 시부문

커피 세리머니

손으로 돌리는
커피 그라인더를 꺼내
에티오피아 원두를 넣고 갈아 낸다

가본 적 없는
무덥고 드넓은 고 산지에서
갓 따낸 빨간 열매의 시큼한 향기와
잘 볶아낸 구수한 냄새

커피의 귀부인이라는 화려한 명망도
남김없이 분쇄하고
자신을 정성껏 갈아 낼 때
비집고 나오는 슬픔과 고독 같은 찌꺼기도
말끔히 걸러 낸
담백한 커피

향기는 노래가 되고
맛은 시가 되는
이 순간

해미 海美

바다가 아름다운
그러나 바다가 없는 곳

버스터미널도 없이
사람들은 시장 입구에 내리고
버스는 어디론가 떠난다

시장과 통하는 거리들 곳곳에는
전업사, 약방, 지물포와 같이
오래전부터 이어온 사람들의 생업生業이 걸려 있다

읍성 안에는
이른 봄 햇살이 한가득 쏟아져
당장이라도 모든 나무들에서
푸릇한 잎새와 꽃망울이 터져 나올 듯 설렌다

봄바람은 성벽을 넘지 못하고
고성高城을 맴돌며 돌벽 틈새에도 숨어서
고즈넉하니 봄의 생기 그윽하다

수많은 순교자들의 목 메단 십자가
호야나무가 슬프고 의젓하게 서 있다
죄 없이 죽어간 슬픈 넋들을 참담한 세상에서 호위하듯

이름 없는 그들의 마지막 길 걸어 본다
성당에 다다른 하천 길에도 봄 햇살 가득하다
모든 것을 위해서 기도하고 싶다

예쁘고 순결한 이름
이유 없이 머물고 싶은 곳

아파트 불빛들

컴컴한 밤하늘에
별 하나 둘 켜진다

우리 동네 아파트에도
별 보다 큰 불빛들 집집마다 켜진다

서럽고 외로운 마음에
집으로 돌아오는 길이면
집집마다 켜져 있는 불빛들 정겨워
눈물이 핑 돈다

고단한 하루를 보내고
빈 집으로 들어가
걸어 놓은 외로움들
켜졌다
꺼졌다
출렁거린다

어둠 속에
외로움들이 하나 둘 모이면

밤하늘에 빛나는 별들이 된다
함께 외로운
슬프지만 정겨운

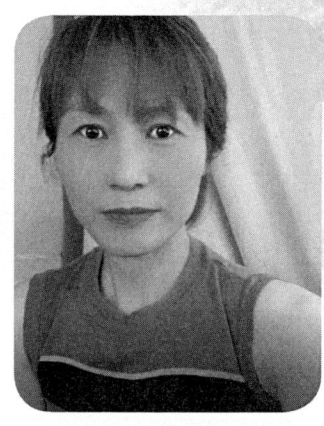

유년의 봄
서툰 봄
먼 길이 있던 자리

이영화

시인
73년 전주 거주
문학고을 2020 시부문 신인상 등단
문학고을 전북지부장
격월간지 신문예 자문위원
아태문인협회 윤리위원
한국신문예 상임이사
완주문인협회 사무국장
완주전주신문 필진
현) 문학고을 전북 지부장

유년의 봄

마당
살찐 버섯을 달고 있는 고목의 몸통에게
비쩍 마른 나를 준다
고목의 트렁크를 배배 돌며 여윈 손으로
살찐 버섯을 쳐 낸다
토막 나 뒹구는 부화하지 못 한 말들의 유희
혼자만 쇠인 경첩이 나무창을 들어올리며
끼익- 찬 신음을 밀어내는 아침

풀잎
맨 종아리에 쓰라린 노랑나비 분진
종일 소죽을 쑤던 뜨거운 업이
경첩을 내리며 찬 손으로 그만 자자 자자
다독다독 바위손이 되고
풀 무성한 마당에는
낫처럼 휘어진 등에
붉은 달이 꽂히고

회초리
반짝반짝 별의 매질이 시작된다

어딜 몰래 갔다 왔냐-물어
몰래 행복에 다녀 왔다- 하였는데
아래에서 위로 훑던 바위가 웃는다
용기내어 꼭꼭 접어 씹던
마른 껌을 꺼낸다

소태
껌을 뱉고 난 후의 답만
정답-이어라 제발.
죽죽 북북 긋는다
야만의 웃음을
봄을 흘린다.

서툰 봄

형
어깨를 두드려 줄래?
우리 둘 약속 했던 시간이 왔어
휘얼 훨 날아가기로 했던
그때의 입모양으로 깨워 줘

우리 둘의 아름다운 변곡의 시간은
가시를 털고 하나가 되고
이를 물고 둘이 되기도 하는
용서가 깨어나는 시간이라고 말했잖아
빈 자루를 메고 오는 사냥꾼의 어깨도
기다리느라 내려앉은 마음 바닥도
깍지 낀 세상에서는 평등할 리 없지만
이유에는 무거움이 항상 달려있어야 한다고
무거운 얼굴로 말했잖아

아우야
답을 쓰는 손마디가
제멋대로 힘을 잃고 꺾어진다
파랗고 곧은 선만으로 가득한

어느 곳에도 없을 지도를
이제야 보낸다
우리만의 축척이기에
빚진 마음 없이
광폭하게 단숨에 그렸다
하염없이 반가운 마음에
문자라는 것은 절대
얼씬도 못하게 할게

봄 이랍시고
변명을 한다

양갈래 여동생의 오르내리는 목울대를 보았니
하얗고 토실한 종아리가 굶주린 나무뿌리에 묶인 줄도 모르고
코밑까지 당긴 이불속에서 목련 마냥 쌔액쌕 거리던
잠을 잃은 질투의 시간들
서로의 창에 짱돌을 던지는 인생
화투짝 인생

다 서툰 봄이라 일어난 일.

먼 길이 있던 자리

있었던 자리는 항상 대명사를 남긴다 그것 그 너 너희들이 거기에 있다 도시락을 싸든 내가 배를 쥐며 웃던 자리에 기척 없이 찾아 온 네가 기별도 주지 않고 먼 길이 된다 잠꼬대를 하던 발들이 아침의 채근에 곰보처럼 얽은 이름들을 천식을 앓으며 뱉어내는 길은 멀다

사내의 낮은 짧다 저리도록 오금에 힘을 주고 걸어가는 길 묶어 둔 풀들에 휘청 할 때면 높게 들지 못 한 발과 무겁기 그지없는 신발에 대고 그는 욕을 한다 더 높게 더 빠르게 라는 진화의 불문율 앞에서 잘못 쪼개진 비대칭 젓가락으로 태어난 사내는 다리 사이에 끼고 있던 돌을 힘 떨어진 척 떨어뜨린다 터무니없는 엔딩이 신화가 되길 바라는 어리석은 영혼들
길은 끝이 없다

일찍 성숙해 버린 꽃에게 자람은 지겨움!
가랑이를 벌린 산이 수줍게 말을 건넨다 군데군데 분홍 스틱키페이퍼를 붙인 몸에 맡을 수 없으나 번져가는 향이 섣부른 것만을 찾는 발자국들이 허락도 없이 타투가 되어간다 흔적들이 가장 많이 교차한 길에서 새로운 길이 생겨남

을 가슴에 메모해 넣는다 잊지 않도록 자비롭고 게으른 색으로 다시 태어나도 잃지 않도록 요행을 바라며 덕지덕지 봄자리가 아득하다

꿈☆은 이루어 진다
동무
소확행

이정열

시인
44년 경남 남해 출생
진주고,독학사/국어국문학
베데스다 Uni, M/Div
㈜ 젠 대표이사 역임
IKIS 통일포럼 공동대표 역임
여의도 순복음교회 장로
문학고을 신인 문학상 수상, 문학고을 등단 시부문
현) 문학고을 고문

꿈☆은 이루어 진다

나는 식탁에 앉아
밥과 함께 냉이 된장국을 먹고 있다

너는 마음 속에서
살갑게 미소짓던 연인을 느끼고 있다

나는 양지쪽 언덕에서 해 바라기하면
너는 얼굴 만져가는 따뜻한 바람의 손

나는 도회의 하늘 가리는 전깃줄 불평할 때
너는 전파선 열 소리 바이러스 보이지 않는
온갖 선들에 비하면

그건 장대에 걸린 빨랫줄 같은 낭만이라고

그래 맞아
나는 보이는 세계에 살고
너는 보이지 않는 세계에 살고
두 세계를 더불어 살아가고 있어

눈에 안 보이는 그 세계가 실체이고
눈에 보이는 이 세계가 그림자
실체가 움직여야
그림자는 움직일 수 있는 것

눈에 직시되어 보이는 세상 만물들이
보이지 않는 세계의 그림자라

보이지 않는 세계에서 산을 옮겨 놓으면
보이는 세계의 산은 그림자니까
옮겨진다

보이는 것은 잠깐이요
보이지 않는 것은 영원함이라

없는 것을 있는 것 같이 부르시는
창조주의 사차원의 원리를
살아 온 세월 속에서
진실로 믿게 되었습니다

동무

꽃 망울진다고
남도에서 기별이 왔다

기미가 보이면
마중 가자고 함께 그랬다

며칠 전 황망히 나서는데
창밖에 추위가 아직이라 하더니

이제 가야지 너를 반기려
단발머리 까까머리 예스리 피어라

소확행

전철을 타고
경노석에 자리가 없어
염치 불구 일반석에 앉노라면
송구스러워

옆자리 젊은이가
베낭과 음료수 컵을 들고 졸다가
신도림 역에서 급히 내리며
좌석에 음료수를 쏟아 놓았다

모르고 앉을 다음 분을 생각하니
민망해서 조금 남은 휴지로 딱기 시작했더니
맞은 편에 앉았던 중년 남자분이
얼른 휴지를 더 가져 오신다

먼 자리인듯 한데
여자분도 휴지와 함께 비닐 봉지를 내민다
부지런히 찍어 딱아
아직 물기야 있지만 많이 말랐다

휴지들은 비닐 봉지에 담아
버릴 곳 없어 코트 주머니에 넣을 수 밖에

마침 역에 열차가 멎고
앞 자리 그 분이 내리면서
선생님 그 휴지 주세요
역 쓰레기 통에 버리면 됩니다
꺼내 주었더니 갖고 내리신다

다들 보고 계셨다
적은 일이라도 도우기를 원하는
선한 마음들이다

우리 사회는 누가 뭐래도
아직도 정겹고 살만한 세상이다

가슴이 따뜻해 와서
한강 철교 위로 기차는 덜컹대지만
스르르 눈 감고 감사 기도 드린다

시인이 되었다
왜 거미 다리는 8개인가
너의 길

이지선

시인
부평거주
문학고을 신인 문학상 수상
문학고을 등단 시부문
문학고을 제1회 최우수 작가상
인천 문학 예술 단체 〈부평시인〉 기획
시세이 「모퉁이가 있다」 출간 (문학고을 출판사)
문학고을 인천 지부장

시인이 되었다

시인이 된 건 너를 피해 도망친 좁고 오래된 공간에 우연처럼 떨어진 빛 때문이었냐. 책에 가득한 얼룩이 지운 글씨처럼 병들어 가던 그날도 너를 피해 낯선 땅을 밟고 섰다. 한참을 돌아가던 시간들이 서툴렀던 건 늘 익숙하지 않은 곳에 도착한 처음부터 고장 난 방향 때문이었다. 그 모든 이유를 들어서 문을 연 곳에 피어난 하얀 종이 같은 기억을 접는다. 단 한 번도 용서할 수 없었던 새겨진 말들을 이제야 읽을 수 있는 법을 알았다. 너의 죽음도 너의 웃음이 너의 거침이 심어진 지금까지 걷던 이 땅 위에 싹이 트고 간지러운 바람이 걷는다. 그렇게 네가 원하지 않았던 시인이 너를 묻고 묻고서야 되었다. 수없이 두려움 속에 걷던 낯선 땅들에 가라앉은 그날의 뜨거운 단어가 혜성처럼 떨어진다.

왜 거미 다리는 8개인가

다리가 여섯 개인 거미가 거미줄을 친다. 엉키는 법 없는 사냥의 시작처럼 촘촘한 줄이 쳐진다. 거미의 여섯 다리는 누구보다 더 격렬하게 움직인다. 투명한 줄 같은 함정이 완성된다.

배고픔처럼 가졌던 의문이 들어서일까. 거미줄에 버둥거리는 벌레의 다리를 본다. 칭칭 감은 스스로의 질문을 내뱉으며 노을이 진다. 어두움이 내리면 거미의 다리에 벌레의 다리를 붙여 본다.

다르다는 부끄러움은 태어날 때부터 시작된다. 두 개의 다리가 없다는 이유가 존재의 답이 된다. 거미줄은 다리를 묶을 수 없다. 던진 벌레의 다리가 허무하게 떨어진다. 가슴에 붙은 다리가 저린다.

너의 길

너의 평발은 유니크하지. 모든 걸 모두 밟고 가야 하는 길이 부드러울 리 없지. 너의 맨발을 차마 볼 수 없어 고장 난 마음에 시동을 건다. 모든 것이 뿌연 문을 열면 동화 같을 수 없는 방이 보인다. 모두 터져버릴 풍선 같은 꿈을 가득 달린 방에 비치는 진심들이 벽에 뿌려진다. 많은 사람들이 외치는 파이팅이라는 단어에 풍선이 터진다. 사방에 뿌려지는 종이 조각들이 빛에 탈 듯이 반짝인다.

너의 손에 가득한 반짝이들이 붙어 떨어지지 않는다. 초라해 보일까 덧붙이고 덧붙인 장식들이 떨어질 듯 테이프에 감긴다. 시동을 건 마음이 자꾸 꺼지고 매캐한 석유 냄새가 원치 않은 불을 지핀다. 언 듯이 굳게 잠긴 손을 잡고 너의 발을 본다. 도망치지 않고 그대로 보아야 한다. 눈을 크게 뜨고 앞을 봐야만 사고가 나지 않는 고속도로처럼 뒤로 갈 수 없는 너의 길. 무릎을 꿇고 너의 발에 신발을 신긴다.

아버지
여자에게
4월의 꽃눈

임정숙

시인
65년 경남 밀양 출생
부산 금정구 마을문화기획가
향토 이바구꾼으로 활동 중
문학고을 신인 작품상 수상
문학고을 시부문 등단
시집: 『꽃이 진자리 다시보는 금정이바구』

아버지

긴 세월이었지요
엄마가 이승을 이별하는 날
가쁜 숨을 내쉬면서
나는 안간다 너거 아버지한테로…

아버지의 백구두가 누렇게 먼지 앉던 날
더러는 몸이라는 곳에서
당신의 영혼을 지배하던 알코올이 맞지 않던 날
아버지는 늦은밤 우물가에있는 감처럼 뚝 떨어지셨다

아버지의 서러운 폭정이 계속 된던 한 여름밤
엄마와 예닐곱 되는 딸은 남의집 통시에 서서
아버지의 분노가 잠재워지기를 기다렸고
통시의 모기들은 예닐곱살 여자아이의 뽀얀 피부에 입을
갖다 대었다

그래도 엄마가 있어서
가렵지도 따갑지도 무섭지도 않은밤
아버지의 코고는 소리에
마당으로 나오면 하늘에서 별들이 와르르 마당으로 떨어

지고
아주까리 나무 가지에 달님이 삐죽이 얼굴을 내밀면
엄마랑 딸은 장독대우물물을 받아 등물을 하면서 서늘한
여름밤을 기억하지요

아버지…
보내는날
눈물 한 방울 나지않고
그 좋아하는 소주한병 다 드시고 가라고 소주올리던 손이
바들바들 떨리던 순간
예닐곱 어릴적 상처가
다시 터지

여자에게

사람들은 그 여자를
얼간이 불렀다

바람을 만나면 춤을 췄고
비를 만나면 비에 흠뻑젖고
추위를 만나면 추위에 얼어뿟고
더위를 만나면 흠뻑 젖어버리는 그녀였다

사람들은 그녀를
얼빵하다고 했다

사람들이 내어주는
말한마디에 상처받고
가슴에 붕대를 늘 싸매고 있고 속은 울지만
사람들을 차마 미워하지는 못하는 그녀는 모자라는 여자
라 불렀다

그녀는 자갈길을 걸으면서 꽃길을 꿈꾸었고
눈밭을 걸을때도 푸른 초장을 꿈꾸었고
사나운 바람에도

매서운 추위에도
무더운 햇볕에도
그저 그녀의 봄을 기다릴뿐이었다

오래전에
떠나보내야하는
사람을 품고 사는
그녀는

새싹을 품어내고
잎을 살려내고
열매를 매치게하는
큰 나무같은 그녀를

우리는 바보라 불렀다

4월의 꽃눈

축제였다
혁명이었고
껍데기를 벗은
나비들의 군무였다

가라!
차가운 네 꽃잎이 지던 날 우리들의 축제도 끝나고
우리들의 청춘도 떨어지고
우리들의 잔치도 끝이나고

그리고 푸른 혁명이 시작될것이니…
4월 그 하얀 눈꽃이
지천에 날린운다

곶감
진실 게임
꿈속에 시를

조광원

시인
59년 거제도 출생
마도로스 외항선 항해사, 동양제과
삼호물산 근무
식품 종합물류 자영업
사무가구제조 및 시설관리 자영업
노인재가복지센타 근무요양보호사
문학고을 신인 문학상 수상
문학고을 등단 시부문
문학고을 부울경 지부장
서울사이버대학교 웹 문예창작학과 재학중

곶감

매끈한 생감들 칼날에 베이고
꼬챙이 찔리는 아픔 귀뚜라미도
아는지 울음조차 먹먹하다

어둠 속 입동 찬바람 불어오고
고통 잊고자 해와 달 별 날마다 삼켰다
백일기도 속에 육신은 말라가고
속은 단내로 채워진다

생감의 농축된 고통 혀끝에 전해질 때
수정과 찻잔 속 해와 달 별이 둥둥 떠오르고

목으로 넘어갈 때는 바람 소리가 들린다

진실 게임

꿩닭*이 묻는다
너는 누구냐 자라냐 거북이냐
거북바위 되묻는다
너는 누구냐 꿩이냐 닭이냐
서로 마주 보며 채근한다

---
* 장소: 거제도 구조라 친구 집 꿩닭

꿈속에 시를

사막을 걷다
모래 속 천연석
시를 줍고

하늘 별 모양
시를 따는 꿈도
손가락 사이
모두 빠져나가고

공허한 여운
텅빈 가슴 휘돌다
무지개 입김 되어
유리창에 낙인이 된다

비누 3
가평 수목원
나목裸木의 시간

조현민

시인
열린 동해문학 시 등단 문학상 수상, 법대 법학과 졸업
전) 한림실업, 미지상사 대표 사) 문학 작가회 회원
대한문인협회 최우수시 선정,
시 낭송 10여 편 유튜브 소개 제1시집-『아름다운 회상』
제2시집-『사랑은 당신처럼 제3시집-『아침을 걸어가는 여자』, 제4시집『플라워 카페에서』『시작법 (시론 기본서)』편저
공저: 시인들의 샘터 문학지 희망봉광장 전자 문학지,
문학고을 시선집 및 계간지 외 다수, 문학고을 출판사 대표
현) 네이버 문학고을 밴드 동아리 및 네이버 카페 리더
현) 문학고을 회장, 문학고을 등단 심사위원

비누 3

도툼하던 육신 시간의 빛 쫓아
사위어진 다양한 형상
상표에 팔려져도 선택된 인위적
손길을 마다하지 않았다

빛바랜 타일의 두께 만큼이나
변화에 순응하던 늘 그 자리
샤워기 물방울처럼 투명하게
빛나고

파편의 조각나 버린 몸뚱이에도
태생의 흔적 더듬어
너만의 체취로 빛나고
은은한 향기 세월을 품는다

객의 변죽울린 손길에도 묵묵히
묵언의 무표정만이 익숙할 뿐
샤워기 곡선 물줄기 따라 흘러
살결 위 유골 뿌려지고 있다

가평 수목원

눈과 발길 머물게 한 푸른 초목
흰 더벅머리 수국 잇몸 드러내고
하늘 정원과 마주 봐 노래한다

칠흑의 밤하늘 모닥불 불씨의 향연
별들과 조우 그들만의 반짝이는
몸짓 수놓고 부러워 미소 짓는 달빛

정靜의 침묵 싱그런 초록 군상
연잎의 자태 숨죽여 호흡하는 햇살
정원 가득 울려 퍼지는 소원 종소리

가야금 소리 잔디밭 드러눕고
계곡물소리에 들뜬 새들 춤사위
웃음과 행복 사랑이 꽃 핀 그곳
양떼구름 낮게 깔린 숲의 축제

나목裸木의 시간

식곤증이 나른하게 깔린 가로수 길
하계의 젊음 음영의 쉼터로 모든 이의
사랑받던 존재였다

우중에도 허름한 판자촌이 휩쓸려
가는 것이 싫어 초록의 곁가지를
활짝 폈다

푸르던 청춘 일교차는 송두리째
삶을 벗겨 버리고 가을의 허공에
몸을 맡기라 한다

영원은 없다 계절의 경계에 초연히
마주할 뿐
가을의 길목 의연히 나를 벗어내자

경칩驚蟄

화란춘성花爛春盛

옥란玉蘭

최해영

시인
전 서울대학교 선임행정관
현 중,고등학교 및 평생교육원 출강 중
시집 및 공저: 『베푼 사랑의 미소』 및 『시선집』 다수
문학고을 신인 작품상 수상
문학고을 등단 시부문
현) 문학고을 고문

경칩驚蟄

개운하게 갠 춘청春晴
얼음 녹아 깨지는
그 소리에 놀란 개구리
겨울잠에서 깨어 꿈질

따사로운 춘정春情
새순 돋아나면서
파릇파릇 피어나는
초목의 어린잎과 줄기

마음 설렌 청춘青春
은행 씨앗 선물로
서로 주고받으며
변함없는 애정 싹터.

화란춘성 花爛春盛

매몰찬 추위 온데간데없고
말간 날씨 생생한 하늘 아래
봄녘 두드러지게 눈부신 오늘

푸르른 들판 화폭 위
노랑 연분홍 물감으로
곱고 예쁘장하게 칠한 듯

수없는 꽃들 활짝 피어
온누리 눈부시게 꾸미어
눈웃음치는 너의 상큼한 모습

아롱진 너의 그윽한 꽃내음에
싱그러운 따스한 온정 느끼며
휴복休福으로 나의 넋 빼앗긴다.

옥란 玉蘭

온갖 모진 바람서리 견뎌 내어
찬바람 가시지도 않은 이른 봄
막 춘기春氣 찾아오려 할 때
이파리 입새 기다리지 못한 채
여미麗靡 한 하얀 꽃 활짝 피고 있구나
하얗다 못해 고고한 학의 깃 보듯
나뭇가지 끝 손가락 마디만 한 꽃눈
회갈색 띤 부드러운 털로 덮이어
겨우내 따가운 추위 견딘 네가
향수 어린 고향 그리고 있구나

드러나지 않은 속마음 알 수 없지만
한 여인 속살 같은 희고 탐스러운
여아麗雅스러운 아낙네 초상처럼
수줍은 듯 다소곳한 매무새 드러내어
소리 없이 싱긋 미소 짓고 있구나

온기 넘쳐흐르는 붓 같은 꽃봉오리
동그랗게 맺혀진 유백색 젖빛 초로草露처럼
이슬 머금어 갓 피어난 청초한 꽃잎

소복 입은 순결 지키는 단아한 숫처녀
치맛자락 펄럭이듯 너울거리고 있구나.

고함高喊
외침畏鍼
울림

최효림

시인, 충북 충주 출생, 동대문상업고등학교 졸업
한국방송통신대학교 행정학과 졸업
근로문화예술제 문예부 동상/노동문화제 서예부 입선
국제문화미술대전 서예부 1등(은상), 한국문화미술대전 서예부 장려상
한국서화작품대전 서예부 입선
한국서화작품대전 한국화부 입선
漢字敎育指導師
월간 한맥문학 신인상(등단)
월간 한맥문학 이달의 시인/시
문학고을 신인 문학상 수상, 문학고을 등단 시부문

고함高喊

아파요
너무 넘우

망가진
성星
지地

초록별

늦기
늦기 전에

외침畏鍼

두렵다
무섭다

호미니테

파내고
자르고
오르고
버리고
밟고 더렵히는

코카소이드
니그로이드
몽골로이드

레드오션
불타는 땅
병 들어가는
성星
지址

울림

들어봐. 들어봐 아픔을 절규하는 earth. EARTH 침묵의 소리, 별에 스치우는 때문힘, 거북등균열, 파상풍보다 더한 아픔 환경파괴증破壞症에 걸린 한별의 처절한 울림 은하의 말단 블랙홀 속으로 넣은 퇴적堆積의 시간을 기억하는가, 기억해다오, 기억해 달란 말이라오, BKACK hole 속으로 빨려가는 earth울림. 어쓰— 뱀의 귀에 울리는 절규가 아니란 말이라오, 수 없이 날개 꺾인 울림, 겁에 질린 아이의 눈망울이 블랙홀 속으로 휴지 돼 빨려들고 있다. 귀를 귀 우려라 울림의 절규에, 들리는가! 외면外面으로 무장된 부서진 울림, 블랙홀은 수 없는 시그널을 빨아들이고 있었다. 아무일 없는 듯. 아무일 없는 듯.

붉은 파도로 접은 접시에 종이배 띄우며
뒷간
개나리

한상우

시인
66년 청주 거주
청주대학교 영문과 졸업
전) 시처럼 문학회 회장
문학고을 최우수 작가
문학고을 고문및 자문위원

붉은 파도로 접은 접시에 종이배 띄우며

배경이 되겠나요
배는 내 철부지 대역입니다
밑줄 지우듯 알아볼 수 있겠지요

당신은 먹다 남은 케이크와 촛불을 가져와요
나는 파랑 색연필을 자맥질로 다시 찾아오죠

돛은 떠돌이 바람이 보낸 얼굴 없는 모스부호죠
배경을 좋아하는 사진관에 가야 하나요
난 질문 받는 걸 맛있어하죠

당신의 대역은 무엇인가요

당신은 실을 바늘귀에만 꿰는 면접관이죠
바다를 송두리째 염하던 걸 기억해요

꽃들이 모질게 접시에도 피어 숨차요
물 떠난 새들은 초침 속으로 스미죠

새 옷을 입어보면 어떨까요

한 배를 접었으니

아무렴요

접시가 파도를 타고 있어요
돌아오지 않아도 될 것 같지 않나요

방향타는 버려 주세요

어디로 가는지
들뜨지 않나요

배경을 해저보다 깊게 바꿀 차례입니다
닻의 거울 방을 닫아요

빨판 같은 붉은 별과 접

뒷간

숯이 타서 재가되는 새벽
가난에 그을린 정화수가 부뚜막을 끌어안을 때면
나는 달맞이 향이 깔린 마당을 가로질러
반가사유상보다 깊은 자세로
면벽의 샘을 한 호흡 연다

내 안의 어제를 조리질하다
곤죽이 된 물음표에 합의된 단절로
해우를 정독하는 나머지 공부방

오 촉짜리 알전구가 엉덩이를 필라멘트로 긁는다

꺾어진 무릎이 밑 빠진 입을 그을리는 동안
가시광선 밖 음한 말씀이 빨갛거나 파랗거나
호박넝쿨은 거미줄을 탄다

수직으로 쌓이다 널브러지는 개벽의 공양물에도
겨울의 덤굴을 읽은 꽃은 필까
아궁이에 저린 어미 등에 떠오를 별은 밝을까

잿빛 해 오름이 냉가슴으로
결박당한 반나의 호박 꽃으로 피어난다

구멍 난 변방의 골 깊은 아미가
위아래 멀미 나는 지붕과
서푼도 안되는 구인난 쪼가리와 저울질 중이다

개나리

서리꽃 필 무렵
작은 언덕을 깊게 묻었더랬다

둘레에는 황톳빛 눈이 누더기로 날리고
별이 가라앉은 강은 먼 산으로만 향했다

평생 옷 한 벌 다듬을 줄 몰랐으니
수의마저 헤졌을 텐데

먹장구름은 가시밭에 앉아
괜스레 돌탑만 걷어찬다

말 한마디 나서지 못한 그믐의 땅에서
산새 소리보다 빠른 달을 보았던가

이제야 얼기설기
누벼 입고 나들이 나오시는가

현의 바다에서 꽃피우는 1)
현의 바다에서 꽃피우는 2)
습작 노트

한상현

시인
고려대학교 평생교육원 시 창작과 수료
계간 스토리 문학 시 부분 등단
시와 수상문학 수료
문학신문 시 창작과 수료, 한국문인협회 회원
공저: 문학고를 계간지 및 시선집 다수, 별세다 잠든 아이 외 다수
시 문학 부분 수상, 샘터문학 창간호 대상, 청소년신문사 문학대상
도전 한국인 문학 지도자 대상
시 창작 문예대전 시 부분 금상 수상 외 다수
현) 문학고을 고문 및 등단 심사위원

현의 바다에서 꽃피우는 1)

청잣빛 슈트
캐주얼하게 세팅된 북한산
저 홀로 꽃비가 된 산 벚꽃과
비구니 독경소리
샤넬 향기 보다 더 향기로운 대본을 쓰고 있다

밤을 새운 샛별을 일주문에 걸어둔 채
가피향을 몸에 두르고
여백이 흐르는 아침을 걷는다
우수에 젖은 여승의 모나리자 미소
반야심경을 암송하는 늙은 소나무다

수많은 음악이 표류하는 망망대해
발 구름판이 되어준 사람아
억겁에 억겁이 흘러도 함께 할 사람아
한 모금 그리움을 마시며
햇살 머금은 커피를 내린다

여린 바람이 건반 위를 걸어간다
거문고 현을 뜯듯이 한 땀 한 땀 수놓는 연주

믹스커피가 카푸치노로 변하는 마법
은유 비유 함축적 묘사는 없어도
감정은 몰입을 이끌고
활과 현이 속삭이는 음표들의 판타스틱
충전된 배터리 손끝에서 봄은 익어간다

현의 바다에서 꽃피우는 2)

입춘이 눈을 뜨면
계곡물의 움트림 묵은 현을 뜯는 소리다
버들강아지 멍멍거리는 소리
바위와 입맞춤하는 파도 소리
풀벌레 춤사위에 봄은 꽃을 피우고 있다

밤의 적막을 깨우는
귀뚜라미는 자전거를 타고
소리의 계단을 올라간다
소리의 계단 파장은 일정하지 않지만
소리의 선율에도 지문처럼 파문이 있다

오선보에서 흘러나오는 사중주
봄의 질투에 괴로움은 달 풍선을 쏘아 올리고
매미의 폭풍 샤우팅 애드리브
잘생긴 자진 머리 장단에
꿈꾸는 공주님 입꼬리는 상승 중이다

역주행의 바람이 불고
오래된 엘피판에서 흘러나오는 추억

도미노처럼 켜지는 조명등
들판을 질주하는 야생마의 자유로움
뮤즈의 코스 요리는 매진 중이다

습작 노트

소주가 취해 흔들리는 밤
불면의 창문을 두드리는 그리움이 그대라면
달빛을 꽁꽁 묶어놓을 텐데

시집 속 문자들이 나를 유혹한다
미루나무 가지 사이로 보이는 달빛
너와 나의 시를 쓰고 싶다고

시인은 낱말 찾기를 한다
좀 더 어려운
좀 더 쉬운 언어를 발굴하고 제취를 한다
시적인 표현이나 현학적인 음률의 호흡에
모든 것을 맡기고 비워내고 계속 채워간다

언덕을 넘어가는 고물 트럭의 거친 호흡
동강 바위솔이 소환한 쥐라기 공룡
세상을 보고 싶은데
세상은 비켜 서 있다

가출한 영혼들이 제 몸을 찾아오 듯

내가 지켜야 할 존재
내가 버텨야 할 이유
삶의 찌꺼기를 배설하기 위한 시가 없었다면
버터 낼 수 있었을까
글을 쓴다는 건
내 안의 나를 지켜내기 위한 몸부림이다

숨바꼭질
하루의 시작
그리움 따라

한순남

시인
1969년 경북 경주출생
경성대학교(전공: 오르간, 부전공: 풀룻/성악)
한국어린이선교원신학교(보육선교학과전공), 신학원(몬테쏘리학과전공)
방송통신대학(교육학과전공)
기독교통신음악대학(오르간전공)
현, 평화교회(전포동) 오르가노(오르간 반주자)
문학고을 신인 문학상 수상
문학고을 등단 시부문

숨바꼭질

아침부터 날씨가 흐리다.
해님이 삐졌는지
하늘이 뾰로통하다.

창가로 들어오던 햇살은
늦잠을 잔 것도 아닐 텐데
어디에 숨었을까?

바삐 찾다가 잠시 쉬노라면
어느새 창틀 사이 햇살 한 줌
살며시 비집고 들어온다.

어디 갔다 왔냐고 물어보니
해님 맘을 확인하고 싶어서
잠시 숨은척했다고.

하루의 시작

잠에서 덜 깬 눈 부시시 비비며
기지개를 켜면
아침을 알리는 햇살은
또 하루의 시작을 알려주고
주님의 연서를 펼친다.

창밖에 바람 소리 때론 요란해도
또 하루를 허락받은
나의 아침의 인사는
엄마 품에 안긴 평안한 아기처럼
응석받이가 된다.

주님! 예쁜 아침이에요.
햇살이 넘 예뻐요.
저도 예뻐지게 해주시고
오늘도 주님 손잡고
예쁜 하루 살게 해주세요.

그리움 따라

당신이 보내지 않을 때
한 번쯤 뒤돌아 볼 걸 그랬나 봅니다.
쓸쓸한 바람 한번 스쳐도
당신의 눈물이 섞여 있고
계절이 바뀔 때마다
내 마음은 늘 그리움에 아픕니다.

당신이 내 손을 잡을 때
그냥 뿌리치지 말걸 그랬나 봅니다.
빗방울 조용히 지나가도
당신의 슬픔이 담겨 있고
지나온 내 발자국은
늘 그리움을 따라 걸어갑니다.

냇가의 봄
하늘 거울
하늘 구들장

홍성길

시인
영남대학교 졸업
공과대학 대학원 졸업(기계공학 석사)
한서대 공과대학 대학원 졸업(환경공학박사)
(전) 현대 중공업 근무, (전) 삼성중공업 근무
(전) 씨이테크(주) 대표이사
(현) 충남 녹색환경 지원센터 기술 전문위원
(현) 환경시설 전문 2개 회사(전무/기술고문)
문학고을 신인 문학상 수상
문학고을 등단 시부문

냇가의 봄

방금 눈뜬 갯버들 개나리
여린 눈망울 또르르 또르르
신기한 듯 세상 둘러보는
냇가의 봄
맑디맑은 냇물에 내 얼굴
자화상 그려봅니다.
삶에 찌든 화난 표정 보기가 싫어
이 표정 저 표정 환한 미소도
지어봅니다

미소 짓는 얼굴이
앳된 소년 같습니다

철부지 어린 내 마음 냇물 따라
흘러가고 나는 내 마음 잡으러
쫓아갑니다

갯가 아래 어딘가 함께 재잘대며
놀러 다닐 아리따운 어떤 소녀
해 맑은 미소 지으며 나를 기다릴 것 같습니다.

하늘 거울

구름 한 점 없이 티 없이 맑은 하늘
며칠 전만 해도 먹구름 가득 한
하늘이었습니다

아마도 구름은 하늘의 상처인가 봅니다.

저 하늘 구름 모아 한바탕 크게 울어
그 상처 비 눈물에 씻겨 내려가
하늘이 저리 맑아졌나 봅니다.
맑디맑은 하늘은 아주 큰 거울 같습니다

하늘 거울에 내 마음 비춰 봅니다
오만가지 구름 떠다닙니다
아마도 내 마음속 구름은
미움 욕심 집착의 구름인가 봅니다
하늘의 구름처럼 비 눈물로 씻을 수 없어
마음속 사랑의 수건으로 닦고 또 닦습니다.

미움 욕심 집착 다 없어져 내 마음
티끌 없이 맑아질 때까지

하늘 구들장

새벽녘
부지런한 태양이
하늘 아궁이 불을 붙이면
구름 구들장 위 우리 엄마
따뜻하게 허리 지지고 있을까

아궁이 불 꺼진 오후가 되면
중천에 뜬 태양이 우리 엄마
따뜻하게 감싸주겠지

석양빛 물들이며 저 태양 사라져 가면
다음날 새벽까지
우리 엄마 춥지 않을까

마침 두둥실 뜬 저 달이
우리 엄마 포근하게 감싸 주려나

| 문학고을 시조선 |

정태상

왜관 철교
성당에서
살구꽃 아래에서

정태상

시인
1955년 경북 경주출생
2015~2017년 대구교육대학교 평생교육원 시조반 수료
2019년 대구시조공모전 장원 수상
느티나무 시동인
신라문화동인회 회원
유네스코경주협회 회원
한국역사문화신문 칼럼니스트
문학고을 신인 문학상 수상
문학고을 등단 시조부문

왜관 철교

싸늘히 식어버린
녹이 슨 교각 아래
낙동강 피비린내
흐르고 없어져도
아직도 우리는 지금
전쟁 중인 나라다

교량에 얼기설기
스치는 강바람이
세월에 빌붙어서
인연을 놓지 않고
팔 십 년 아무 말 없이
바라보고 서있다

성당에서

옛날로 아주 멀리
돌아온 기분일까
함부로 입을 열면
다칠까 두려워라
살며시 뒷꿈치조차
조심스레 놓는다

두 손을 마주치면
울릴 것 같은 창문
색유리 영롱하게
믿음을 전하지만
주님을 가까이 두고
알아보지 못한다

살구꽃 아래에서

구름도
한 점 없는
유리알 봄 하늘에
소리도 내지 않고
팝콘이 쏟아진다
터지는 송이송이에
막힌 가슴
뚫리고

너무나
그리운 건
상사병 탓이려나
아무리 쳐다봐도
질리지 않는 것을
넋 잃고 그 자리에서
망부석이
되었네

탐스런
꽃송이를

두 눈에 가득 담아
눈물에 담구어서
삭히면 향수되어
흐르는 강물에 띄워
당신에게
보내리

| 문학고을 동시선 |

김주옥

달 항아리
하얀 눈
눈을 보라

김주옥

시인, 문학 학사 영어스토리텔링지도사, 언어발달지도사 심리상담사, 외상심리상담사 아동심리상담사, 미술심리상담사 베이비플래너, 1997년 월간〈한국시〉신인상 수상 등단, 2009년〈國家賞勳人物大典〉에 등재, 2004년 세계문화예술아카데미 세계시인회 제24회 세계시인대회기념 세계시인사전에 등재, 2011년 문화공보부 추천도서〈韓國詩 大事典〉에 수록. 을지출판공사, 2012년 現代 韓國人物史〈韓國民族精神振興會〉에 수록, 2020년 마한문학상 수상, 2021년 문학고을〈동시부문〉신인상 수상, 2010년 시집〈아가야, 너의 서른에는 무엇을 보았니〉, 2020년 시집〈아가야, 너의 예순에는 무엇을 만났니〉2022년 시집 :〈그저 좋은 당신의 시간〉, 2022년 제60회 강원예술제 시화전 작품공모〈우수상〉, 現〉문학고을 고문. 공저: 시집〈내 생에 한 번 뿐인 사랑〉,〈생명, 그 버거운 무게여〉외 다수 수필집〈휘돌아 함께 걷는 길〉외 다수, 문학고을 시선집 다수

달 항아리

달은 달은 천사랍니다

별빛 모아 모아
달빛 가득 채워
둥근 보름달 되면

어두운 세상에 나누어 주지요

너희들도 이렇게 살아라
세상에 빛이 되어라
서로에게 기쁨이 되어라

말없이 가르칩니다.

하얀 눈

하늘에서 내려오는 모든 것은
새하얗거나 투명해요

만약 눈이 검은색이었다면
기쁨이 사라지고 말 거예요

우리도
하늘을 보며
하얗게 하얗게
마음의 거울이 닦아집니다.

눈을 보라

눈 오는 하늘을 보라

새하얀
그 눈을 바라보라

맑은 눈을 뜨고
서로의 눈을 바라보라

밝고 맑은 마음의 창
그 고운 눈으로
동무의 눈을 보라.

| 문학고을 수필선 |

강형기
김세영
김은주
박계환
신경희
이만수
이재은
이현경
전 설
전혜수
정은자
황상길

추억을 주는 기차

강형기

수필가, 1982년생
현거주지: 대전
희망봉광장 시부문 등단
문장 21 동시부문 등단
문학고을 수필등단
선진문학작가협회 회원, SJC문예방송 방송팀 나레이션 작가
반려동물관리사, 건축회사 재직 중
상업용 이동식 가설건축물 디자인 프리랜서
어린이와 문학 후원회원
the3do@naver.com

추억을 주는 기차

　나는 기차 타는 것을 좋아한다.
　어릴 적부터 기차는 내 마음속 서정을 불러일으키는 하나의 향수 같은 것이었다. 시야의 끝에 장난감처럼 작은 크기로 지나가더라도 울려오는 기차소리는 어쩐지 어린 내 마음을 항상 설레게 했었다. 명절만 되면 시골에 내려가 여러 친척 형들과 만나는 추억의 시작도 언제나 기차였다. 특히 기찻길을 보고 있으면 아득히 피어오르는 그리움이 철로의 녹과 함께 묻어있었다. 이 철로의 끝에 도착하면 같은 설렘으로 나를 기다리는 이들을 만날 수 있기 때문일 것이다. 나는 지금도 장거리 출퇴근을 하면서 늘 기차로 출퇴근을 하고 먼 거리를 이동할 때도 항상 기차로 먼저 조회를 해본다.
　대부분 장거리를 오고 가는 내 옆자리는 한두 번은 앉는 이가 바뀌곤 한다. 각기 서로 다른 사연을 가지고 탄 사람들의 슬픔과 기쁨 그리고 설렘과 기다림을 나는 늘 함께한다. 생각해 보면 내가 살아가는 삶과 많이 닮아있다. 어쩌면 모든 이들의 삶과 닮아 있는 거 같다. 슬픔을 가득 안고 탄 사람이 내리면 다시 설렘을 가득 안고 다른 사람이 기차에 오른다. 수많은 이들의 희로애락이 잠시 인연으로 만나게 되는 기차는 지금도 삶의 거스를 수 없는 시간처럼 달리고 있다.

봄의 냄새가 한껏 짙어지는 3월의 주말은 서울에 다녀올 일이 있었다. 역시 기차를 타고 서울로 올라가 짧은 볼일을 끝마치고 다시 대전행 KTX에 몸을 실었다. 기차를 타는 즐거움 중 하나는 옆자리에 항상 누군가 앉는다는 것이다. 대부분의 사람들은 옆자리에 누가 앉든지 신경조차 쓰지 않겠지만 나에게는 어쩐지 기차를 타는 재미 중 하나다. 옷깃만 스쳐도 인연이라는데 몇 십분 몇 시간을 옆자리에 앉아간다면 작은 인연은 아닐 것이다. 기차 옆자리에서 만나 결혼까지 간 커플도 있으니 말이다.

그날 대전으로 오는 기차는 옆자리에 예쁜 꼬마 아가씨가 앉았다. 유치원생 정도로 보이는 꼬마 아가씨는 봄이 낳아준 나비 같았다. 하얗고 분홍빛이 물든 예쁜 치마를 두르고 혼자 씩씩하게 의자에 올라앉았다. 건너편 두 좌석에 부모님으로 보이는 분들이 앉았다. 나는 차창 밖의 빠르게 지나가는 풍경을 놓치고 싶지 않았지만 엄마 엄마 부르며 옥구슬 같은 목소리로 애교 부리는 꼬마 아가씨에게 자꾸 시선이 갔다. 나는 핸드폰을 뒤적거리다 반려 고양이의 사진이 나왔다. 옆자리에서 고양이의 사진을 본 꼬마 아가씨는 "표범이다" 소리쳤고, 까만 고양이를 표범으로 보고 소리치는 꼬마 아가씨의 순수함이 나를 저절로 미소 짓게 했다.

　나는 꼬마 아가씨와 고양이 사진과 동영상을 보며 이런 저런 대화를 나눌 수 있었다. 어린아이답게 동물의 귀여움에 빠져버린 꼬마 아가씨는 정말 많은 질문을 내게 하였고 어린아이의 살아있는 동심에서 나오는 순수함은 연신 나를 미소 짓게 하였다. 걱정스러운 표정으로 아이를 말리는 아이어머니에게 괜찮다고 웃어 보인 뒤 대전까지 꼬마 아가씨와 나는 기차 안의 누구보다 즐거운 여행을 할 수 있었다. 예쁜 꼬마 아가씨는 나처럼 이야기 많이 해주는 아저씨는 처음 봤다며, 다음에 또 보고 싶다고까지 했다. 시심중 하나는 동심이라 했던가. 나는 즉석에서 꼬마 아가씨에게 짧은 동시를 써주었다. 지금은 막 문학의 길을 걷기 시작한 나이지만 그 아이가 나를 기억한다면 훗날 예쁜 추억으로 그날을 간직할 것이다. 종착역까지 간다는 꼬마 아가씨와의 오랫동안 남을 추억을 뒤로 하고 대전역에서 내리며 또 다른 설렘이 꼬마 아가씨 옆자리에 앉길 바라는 마음으로 오는 길에 내 얼굴에는 연신 미소가 피어있었다.

　저녁시간에 밥은 먹었냐면서 호두과자를 나눠주시던 할머니. 강아지를 안고타서 자연스럽게 대화하면서 갔던 청년. 무거운 짐을 들어드리고 들었던 할아버지의 아름다웠던 과거 시절 그리고 고양이를 좋아했던 참 사랑스러웠던 꼬마 아가씨.

　기차는 우리의 삶처럼 앞만 보고 가지만 정거장에 잠시

멈추어 뜻하지 않았던 아름다운 추억을 같이 태워준다. 조금만 주위를 둘러보고 따뜻한 말 한마디 작은 행동 하나 작은 시선 하나면 언제든지 오랫동안 기억에 남을 예쁜 추억을 우리는 남길 수 있다. 스쳐가는 인연일지라도 찰나의 기억이 때로는 더 오래 남기도 한다. 대부분의 사람들이 자거나 핸드폰만 바라보고 있는 요즘의 기차 풍경이지만 그날의 예쁜 꼬마 아가씨는 자라면 또 다른 사랑스러운 어린아이에게 나처럼 예쁜 추억을 남겨줄 거라는 생각에 난 다시 또 미소 짓는다.

기적을 여는 열쇠

김세영

수필가
한국외국어대학교 신문방송학 석사
숭실대학교 사회과학연구소 연구원
월간 미대입시사 취재기자(수능 분석 전문 기자)
한국방송예술교육진흥원(한예진) 주임교수
이건개 前 고검장, 前 국회의원 스케줄 관리 및 연설문 작성 비서
日本大學敎育硏究院 주임교수
디지털서울문화예술대학교 상임 자문위원
저서:『평론가의 변별력』,『김세영 평론가, 의견과 감정 쓰기 견본서』
문학고을 제7선집 공저, 문학고을 선집 제8집 겨울 공저, 문학고을 선집 제9집 봄 공저

기적을 여는 열쇠

그날은 숲속에서 어슬렁거리는 들고양이가 도심에 살고 있던 우리 집 앞으로 내려왔다. 젖 달라는 갓난아기처럼 가냘프게 밤새 울었던 날이다. 그 울음소리 때문에 잠을 설치고 일어난 아침에 장독에 올라와 보니 그 녀석이 시침 뚝 때고 무표정한 얼굴로 나에게 눈 인사를 하고 있었다. 노면 위에는 이따금 가늘게 내린 빗방울 흔적이 들고양이 울음 흔적 같았다.

삼십이 년 전 나는 수물두 살이었다. 그 당시에는 대학 2학년을 마치고 군에 자원입대하는 유행이 번져 있었다. 그래야 공백 없이 취업이나 대학원 진학이 용이할 수 있었다. 나 또한 그 유행을 따라갔다. 사회에서 느림보가 되지 않는 최선의 길이라 생각했고, 군에 자원하여 영장을 받았다.

비가 오는 그날 오후, 군 입대를 앞두고 친구들과 유료 낚시 터에 있었다. 낚싯밥을 많이 뿌려 놓고 줄을 던져 민물의 깊이를 가늠하고 있었다. 내리는 장맛비는 반갑지 않았지만, 장맛비와 친구 하자며 지붕이 도리 밖으로 내민 처마 끝에 슬며시 손을 내밀었다. 처마가 흘리는 눈물 같았다. 그때 허리 춤에 차고 있던 삐삐가 갑자기 진동했다.

군 입대 꼭 보름 남기고 아버지의 변고가 전화 수화기를 통해 전해졌다. 가족의 생계를 위한 방도를 행하는 도중 얼굴 전체에 화상을 입어 급히 화상 전문 병원으로 이송되었다는 날벼락 같은 소리였다. 가족들은 병원으로 향했다. 아버지의 얼굴은 입술만 알아볼 수 있을 정도였다. 진흙 밭이 말라 갈라진 것처럼 갈라진 입술만 보였고, 아버지는 큰 눈을 감았다 뜨시며 우리 가족을 바라보고 있었다. 나는 말문이 막혔고, 심장이 벌렁거렸고, 어안이 벙벙하여 미간을 찡그렸다. 뇌가 떨릴 정도로 망연자실 망치로 얻어맞았다. 병실은 우리 가족의 통곡 소리로 휘몰아쳤다. 거금을 쓴다 해도 회복되기 불가능해 보였다.

보증을 잘못 서서 집을 날린 분도 아니고, 노름으로 빚더미에 올라 가족을 길거리에 나앉게 하지도 않았는데 원망스러웠다. 군 생활이 두려웠는데, 오히려 불안이 겹겹이 쌓여 내 앞에 직면하게 되었다. 변고가 나에게는 불평을 품고 아버지를 미워하는 불효자로 만들었다.

응급실에서 일반 병실로 옮겨졌다. 주치의와 간호사가 병실로 들어왔다. 가운 색은 흰색이 아니었다. 검은색 물감에 흰색을 섞어 물들인 회색이었다. 내 마음 색 같았다. 가운 색만 봐도 화상 치료 전문가의 세월이 느껴졌다.

화상 진단 결과는 3도 화상에 버금갔기에 회복이 불가능했다. 6개월 이상의 입원 치료와 적어도 세 차례 이상 피부 이식 수술이 필요하다고 했다. 그래야 일상생활에서 혐오감을 조금이나 줄여줄 수 있는 얼굴이 된다고 했다. 주치의가 돌팔이 의사이기를 바랬다. 틀리기를 바랐다.

큰고모께서 황급히 병원으로 달려오셨다. 얼굴색은 색상을 가지지 않는 무채색이었다. 아무런 말씀 없이 내 손목을 잡고 병실 밖으로 나가셨다. "네 아버지만 살려내라. 원하는 건 뭐든지 해주겠으니" 큰고모의 목소리에서 묻어 나오는 애절함은 빨강, 파랑, 초록, 노랑의 유채색이었다. 도대체 어떻게 해야 기적을 만들 수 있을까. 하나님이 필요했다. 큰고모의 절규가 코끝을 찡하게 만들었다. 내 눈은 봉선화 밭이 되었다.

어디서 읽었던 화상 환자에게는 단백질과 많은 열량의 음식을 제공하는 것이 최선이라는 방법이 생각났다. 큰고모께 말씀드렸다. 알겠다는 듯 고개는 시소가 되었다.

다음날 아침부터 큰고모는 보신탕 배달원이 되었다. 단백질과 열량이 높은 음식 중에 보신탕을 능가하는 음식은 없다고 하였다. 큰 고모께 지급하는 배달 비는 한 그릇 뚝딱 해치우는 아버지의 식사 모습이었다. 빈 그릇에는 큰고모의 편안한 마음이 묻어있었다. 아버지는 사시사철 보신탕을 드셔야만 기력이 왕성해지는 분이었다. 마른 장작의 몸매였다. 그런 분에게 병원 식단은 햄버거

한 봉지 수준이었다. 그동안 보신탕을 혐오 식품이라고 고개를 내젓던 나에게는 경지에 마음을 머무르게 하는 너무나 고마운 음식이었다. 아버지께서 항상 드셨던 보신탕은 별로 특별한 음식이 아니지만, 큰고모의 정성은 매우 특별했다.

이틀이 경과하는 시점부터 문제가 생겼다. 보신탕에는 비가 갠 아침처럼 깊숙이 팬 땅에 빗물이 숨어있듯 기름기가 나선형 모양으로 대놓고 숨어있기에 펄펄 다시 한번 끓여야 했다. 그 당시 병원에는 취사 장소가 따로 없었기에 병실 내 화장실에서 보신탕을 끓여야 했다. 누린내가 진동했다. 환자와 간병인들의 항의도 앞사람을 따라 시계추처럼 진동했다. 병실 안에서 만나는 낯선 환자와 간병인들에게서 느껴지는 거리감이 나를 힘들게 했다. 내 마음은 덜컹거렸고, 병원 복도는 자드락 길 같았다.

오전 회진 시간, 주치의와 간호사 두 명이 병실에 들어왔다. 환자와 간병인들이 손바닥을 치며 칭얼대는 소리가 대포 소리 같았다. 병실 안에서 숨을 쉴 수가 없었다. 암울하고 어두운 생각뿐이었다. 잠시 든 고개를 다시 바닥으로 처박아야만 하는 순간이 처량하고 슬펐다. 그런데 그 대포 소리는 기대하였던바와 정반대 효과를 낳았다. 지나침은 역효과였다. "아니 화상 환자가 어찌 병원에서 주는 식단만 가지고 호전될 수 있습니까" 주치의 선생님의 설득력은 호통에 가까웠고, 나에게는 경호원 같았다. 수간호사를 찾았다. "이 학생에게 항의하는 환자는 모두 퇴원 조치하세요" 그러시며, "간호사들에게 얘기 많이 들었어요. 학생 정성으로 한번 기적을 만들어 보세요" 하는 반달 눈망울이 내 마음을 어루만져 주었다. 그 후 대포 소리는 잦아들었다.

　일주일이 경과되는 시점부터 피부 화상 각질이 하나 둘 벗겨지기 시작했다. 뽀얀 속살이 드러나기 시작했다. 하루를 24등분으로 나눈 시간 동안 아버지 옆에서 화상 연고를 꼼꼼히 발라드렸다. 연고가 마르지 않도록 항상 아버지 옆에 빈틈없이 단단히 붙어 있었다. 때론 드라마 대본을 쓰듯 병상 일지를 노트에 기록했다. 병실 창밖에는 햇빛이 낮에 비춰주고 있어 반짝였고, 밤에는 달이 비쳐주고 있어 어슴푸레 흐릿했다.

　군 입대 일주일 남았다. 기적이 일어나고 있었다. 그런데 기름기가 많은 음식이라 설거짓거리가 많이 나왔다. 환자들이 깨기 전 화장실에서 설거지를 마쳐야 했다. 설거지 소리는 때론 많이 쌓인 눈 속에 발을 담글 때 나는 소리가 들리기도 했고, 미끄러져 그르다가 딱 멎는 소리가 나기도 했다. 병실 내 환자들에게는 오히려 부러움의 소리일지도 몰랐다.

　아버지의 병세가 좋은 쪽으로 바뀌는 순간마다 큰고모의 얼굴색은 화사한 색으로 변했다. 내 엉덩이와 등은 흐뭇하고 즐거운 손길로 부끄러워하고 있었다. 그러나 형편이 좋아져도 늘어나지 않는 세간살이처럼, 내 등에 짊어진 짐은 줄지 않고 계속 쌓여만 갔다.

군에 입대하기 전날까지 병간호에 매진했다. 날이 갈수록 호전되는 병세는 화상 피부에 쌓인 오물을 말끔히 씻어내 주는 듯했다. 아버시 침대와 나지막한 내 간병인 침대에 오붓이 같이 누워 있으면, 세상 모든 시름이 사라졌다. 창밖에서 애틋하게 들려오는 귀뚜라미 소리는 아버지와 나의 지친 마음을 위로해 주고, 기적에 대한 열정을 일깨워 주었다.

수간호가 나에게 찾아왔다. 병원에서 선정한 올해의 간병인 수상자로 결정되었다는 소식을 전해 주었다. 그런데 전혀 기쁘지 않았다. 어느 자식이 당연히 해야 할 부모님의 병간호를 상으로 축하받을까. 수간호사의 목소리는 또렷했고, 내 눈앞의 모든 빛은 선명한 색을 띠고 있었지만, 아버지를 생각하면 여전히 처량하고 슬펐다.

군에 입대하던 날, 내 눈물샘은 화산 분출 구에서 쏟아 내리는 화염보다 덜 차가웠고, 아버지 걱정에 대한 마음은 더 뜨거웠다. 6개월 이상의 병원 입원 치료도 피부 이식 수술도 없이 아버지의 화상 얼굴은 정상에 가깝게 한 달 만에 회복되었다.

훈련소 생활을 마감하는 날 아버지께서 오셨다. 아버지 얼굴에서 슬픔으로 시작해서 감사로 마무리 짓는 보석 같은 기적이 보였다. 내 마음처럼 이루어지지 않는다고 의기소침하거나 포기하지 않았더니 기적은 아버지에게 새로운 인생을 선물했다. 나는 깨달았다. 기적을 여는 열쇠는 정성이라는 것을.

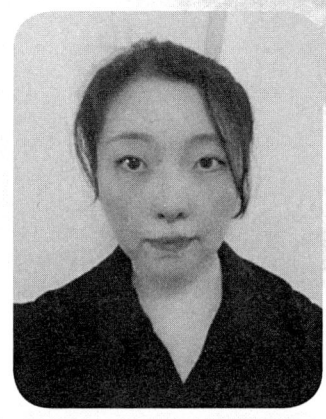

소꿉놀이의 여왕

김은주

수필가
1977년 서울 출생
전국 청소년 문학 대회 다수 입상
병원 코디네이터 CS
KT Inbound
LG카드 Customer Relationship Management
씨티은행 근무
문학고을 신인 문학상 수상
문학고을 등단 수필부문

소꿉놀이의 여왕

지금 막 버무려 놓은 잡채를 야무지게 한 움큼 집어 맛을 본다. 약간 싱겁다. 간장과 비정제 설탕, 후추를 좀 더 넣고 섞어 결국 내가 원하는 염도와 당도의 맛을 내고야 만다. 그리고 30분 정도 살짝 절여둔 배추 한 포기를 한 입에 먹기 좋은 크기로 찢는다. 그다음으로 물고추와 양파, 배, 사과, 마늘, 생강 등을 아낌없이 믹서기에 넣어 갈아서 빨갛고 때깔 좋게 겉절이 양념을 만든다. 이제 찢어둔 절임 배추에 붉고 화사한 양념을 부어 풋내라도 날까 싶어 살살 무쳐낸다. 그리고 아끼는 투명한 유리 접시에 담아내고 그 위에 깨를 듬뿍 뿌린다. 나는 요리는 물론 집 꾸미기 그리고 비누향기를 맡으며 손 빨래하는 것을 즐겨한다. 그리고 계절이 바뀌면 철 지난 옷은 장롱 깊이 차곡히 접어 넣어 두고 새 계절의 옷들은 상황별로 구분해서 접거나 각을 잡아 걸어둔다. 상황별로 구분하는 기준은 회사에 갈 때 입을 옷은 화려하진 않지만, 예의를 차린 정장 스타일이며 마트에 가거나 동네 근처를 산책할 때 입을 옷은 무심하게 차려입은 듯한 말끔하고 유행에 뒤지지 않을 정도의 옷, 남편과 외식하거나 모임이 있을 때 대놓고 멋을 부린 듯한 옷 등으로 나만의 기준으로 구별해 둔다.

　빈틈없이 살림하는 것에 있어서 가장 중요한 것은 집 안 곳곳을 군더더기 없이 깔끔하게 청소하고 사용 빈도수, 용도별, 크기별로 나만의 정리 시스템을 만들어 물건들을 제자리에 수납하고 배치하는 일이다. 이런 나에게 친구들은 작작 좀 하라며 혀를 내두르거나 남편은 좋아하면서도 안쓰러워한다. 그러나 나의 살림살이로 가득한 내 집에서 자유롭게 그림을 그리듯 예쁘고 안락하게 꾸미고 그 누구의 눈치를 보지 않고 냉장고를 마음대로 뒤져서 어떤 재료라도 꺼내 요리하는 당연한 일이 내겐 어릴 때부터 꿈꿔온 일이었다. 너무나 소박한 나의 꿈이 이루어진 것이다. 어릴 적, 나에게 집은 편안하거나 안락하거나 따뜻한 공간이 아니었다. 장난감이나 인형과 같은 가지고 싶은 물건들이나 똑같이 나눠 먹으라고 사준 냉장고 안에 간식들도 항상 욕심 많고 심술 맞은 오빠라는 녀석의 차지였다. 물리적 힘으로는 당할 도리 없던 동생과 나는 항상 빼앗기며 온전히 가질 수가 없었다. 게다가 나는 중간에 끼인 둘째였다. 때로는 언니라서, 동생이라서 주변 어른들의 입바른 소리에 의해 양보를 강요당하고 여기저기 치이며 살아야 했다. 나만의 자유로운 공간은 한 뼘조차 없었으며 무엇 하나 마음 편히 내 것을 두거나 소유하는 것조차 쉽지 않았다. 그래서였는지 나는 집 밖에서의 소꿉놀이에 열중했다.

동네 뒷산에 붙은 공터에서 친구들과 모여 깨진 벽돌들을 주워 판판한 것은 접시, 움푹한 것은 밥그릇, 널브러진 나뭇가지들을 부러뜨려 젓가락으로 만들었고 공터에 깔린 흙은 밥, 이름 모를 푸릇한 잡초들을 뽑거나 뜯어다가 김치를 담근다며 굴러다니는 붉은 벽돌을 용케 찾아내서 곱게 돌로 갈아 고춧가루를 빻기도 했다. 그것들을 모아 한데 섞어 무쳐내면 제법 김치 모양이 났다. 그 시절 우리가 달걀 꽃이라고 부르던 개망초, 밥이나 콩장을 할 때 쓰기 좋을 까마중도 공터 옆 수풀과 산길을 따라 수없이 펼쳐져 우리는 풍족하게 반찬거리를 구할 수 있었다. 누가 엄마를 할 것인가를 정할 때면 묘한 긴장감이 돌곤 했다. 주로 나이가 많거나 키가 큰 여자아이들이 엄마 역할을 차지하기 일쑤였다. 그러나 함께 의기투합해서 그릇으로 쓸 돌이나 살림살이를 찾아다니고 음식 재료들을 모으는 재미에 푹 빠져 시간을 보내다 보면 역할 따위는 그다지 중요하지 않게 되고 만다.

나는 그중에서도 소꿉놀이의 여왕이었다. 아이들은 소꿉놀이가 시작되면 우리 집까지 찾아와 나를 불러냈다. 처음 느껴보는 나의 존재감과 친구들과의 순수한 유대감 그리고 무언가를 이루어내는 성찰과 환희에 취해 마음껏 깔깔거리며 웃을 수 있었다. 내겐 소꿉놀이가 가장 좋은 놀이였으며 언제나 공허하기만 하던 내 가슴을 꽉 채울 수 있었던 따듯한 시간이었다. 지금의 살림 솜씨도 소꿉놀이 덕이다. 친구들은 내게 맞벌이인데 불공평한 결혼생활이 아니냐며 집안일에 몰두하는 나를 딱하게 여긴다. 그러나 모든 가정의 일을 나 혼자 책임지고 사는 것은 아닐뿐더러 그런 말에 귀가 얇아져서 나의 즐거움을 포기하진 않을 것이다. 욕실 청소는 남편의 몫이며 재활용품과 쓰레기를 버리는 일은 물론이고 배수구가 막히면 남편이 해결해 준다. 그저 서로가 잘하는 것을 하며 상부상조하는 공생관계라고 여기면 그만이다. 오늘도 여왕의 소꿉놀이가 시작된다. 집안 가득 향긋하고 고소한 냄새로 가득하다. 제철 재료로 반찬을 만들고 봄을 맞아 상큼한 느낌이 나도록 소품들을 조화롭게 재배치한다. 퇴근길에 단골 꽃집에 들러 저렴하게 산, 풍성한 시든 꽃들도 깔끔하게 손질한다. 그리고 얼음을 가득 채운 물에 담가 싱싱하게 꽃들을 되살려낸다. 내가 좋아하는 베토벤의 월광 소나타를 들으며 꽃꽂이를 하는 이 순간, 내가 세상에서 가장 행복하다.

우산공원을 거닐며

박계환

수필가
전)충주 북여중 미술교사
한국미술협회 회원
까치문학 회장
광양시 차 연구회 회장
현)광양문인협회 회원
까치문학 고문
문학고을 신인 문학상 수상
문학고을 등단 수필부문

우산공원을 거닐며

 벌써 십칠 년이 되었나 보다. 집을 옮겨 보려고 이곳 아파트를 보러 왔을 때 앞 베란다에서 바라본 우산 공원은 별천지 같았다. 그때는 여름이었는데 울창한 숲과 쉼 없이 울어대는 매미 소리, 앞으로 쭉 펼쳐진 초록의 소나무들은 내 마음을 빼앗아 갔다. 봄, 여름, 가을, 겨울이 바뀌는 모습을 상상해 보며 나 혼자 즐거웠다. 남편에게 집이 마음에 쏙 든다고 통보를 하고 더 생각해 볼 필요도 없을 것 같아 계약 했다. 그렇게 이 집에서 살게 되었고 지금까지 오랜 시간 동안 뚜렷하게 변하는 사계의 모습에 눈 호강을 톡톡히 하고 있다.
 오늘도 남편과 산책하러 나갔다. 아파트 뒤로 돌아 여러 개의 계단을 올라가면 평평한 산책길이 드러난다. 숨을 고르며 조금 걷다 우측으로 돌아 오르막길을 오르다 보면 광양 출신 '독립 유공자 추모탑'과 조선 말기의 시인이고 문장가이며 애국지사인 '매천 황현 선생 동상'이 우뚝하게 서 있다. 우리는 묵념을 하고 추모탑 뒤로 돌아가 명단을 읽어 내려갔다. 그 명단에는 남편의 고모부도 계셨고, 그이의 누님 두 분 시아버님 존함도 있다고 남편은 이야기를 들려준다.

"아! 대단하다. 한 명도 아니고 세 분이나." 며칠 전 어머님들을 모시고 천안 '독립 기념관'을 다녀와서인지 내 마음도 으쓱해졌다. 우리는 그곳을 벗어나 그분들의 이야기를 남편에게 들으며 또 걸었다.

한참을 걷다 쉬어 가기로 하고 벤치에 앉았다. 남편은 자기가 오면 청설모가 꼭 나타난다고 하며 기다려 보자고 했다. 정말 조금 있으니 청설모가 나타났다. 그러더니 자기를 보라고 하는 건지 이 나무 저 나무를 옮겨 다니며 재주를 부렸다. 우리 눈은 청설모를 따라 움직이는데 그때 도토리 하나가 '톡' 소리를 내며 떨어졌다. 나는 그것을 주우려고 일어나는데 남편은 줍지 말라며 소리를 쳤다. 그 소리에 놀랐는지 청설모는 쏜살같이 도망을 가버렸다.

"당신이 소리치는 바람에 청설모가 도망갔어요. 나도 놀랐는데 또 올까."

남편은 스님에게서 들은 이야기를 들려주었다. 깊은 산 토굴에서 있었던 일인데 눈이 많이 오고 추운 겨울이었다. 스님이 아침 공양을 준비하려고 새벽에 문을 열고 나오니 댓돌 위에 벗어 놓은 검정 고무신 속에 다람쥐가 죽어 있었다. 스님은 마음이 너무 아파 세상 떠난 다람쥐를 위해 천도식을 해주었고, 그 뒤로는 살아 있는 다람쥐들을 위해 도토리묵을 만들려고 주워 두었던 도토리를 겨우내 조금씩 담장 위에 놓아두었다고 했다. 남편은 먹을 게 없으면 어쩔 거냐며 청설모가 주워 먹게 앞으로는 절대

줍지 말라고 했다.
　우리는 광양시 역사 인물 '설성 김종호 선생의 흉상'과 '추모비'를 지나 '이균영 숲속의 도서관' 앞에 다다랐다. 팔각정에 도서관을 만든다는 발상은 좋았지만 어쩐지 초라해 보이고 마음도 서글퍼졌다. 남편이랑 연애할 때다. 여름방학 동안 서울 대학교에서 교사 자격증 1정 교육을 받으려고 서울역에 도착했는데 이균영 씨가 그이와 함께 마중을 나와 있었다. 그이의 지인 중 제일 먼저 보았던 후배였다. 그래서인지 이 건물 앞을 지날 때마다 옛 생각이 떠오른다. 우리 집에 놀러와 남편과 얘기 나누던 모습, 우리 아이들 세발자전거를 밀어주고 툇마루에서 아이들과 사진 찍던 풍경들이 스쳐 지나갔다.
　그곳에 더 머무르기가 싫어 빨리 가자고 남편 손을 끌며 오르막을 올라갔다. 등나무 밑 와상에 앉았다. 어쩌면 가을 하늘이 저리도 예쁠까. 몇 년 전 감물 염색한 천을 발색 작업한다고 남편이 고생도 많이 했던 곳, 분수대도 선선한 가을 날씨 탓인지 주변이 썰렁해 보인다. 남편은 우산공원에 오면 늘 생각나는 우화가 있다고 하면서 열자列子에 우공이산愚公移山 우화를 이야기해 주었다.
　옛날에 우공이라는 노인이 중국 태행산 하북성 기주 남측과 왕옥산 하남성 하양 북측 경계선 깊은 계곡에 살았는데 춥고, 덥고, 바람도 세고 농토 거리도 없어 살아가기가 힘들었단다. 하루는 가족회의를 하였다. 앞산 뒷산을 들어내어 농토를 만들기로 하고 온 가족이 삼태기로 흙을 퍼내

계곡에 계속 갖다 부었다. 동네 사람들은 미친 짓이라며 만류했지만 노인은 내가 못하면 자식이 하고 자식이 못하면 손자가 하고 손자가 못하면 증손자가 하다 보면 언젠가는 되지 않겠냐며 열심히 흙을 퍼 날랐다. 노인이 말하는 소리를 산신이 듣고는 깜짝 놀라 천제에게 호소했다. 이 산이 없어진다면 우리 산신들은 어쩌겠습니까? 그러니 이 산을 다른 곳으로 옮겨 달라고 간청을 했다. 옥황상제는 태행산은 산서성 동부 삭동으로, 왕옥산은 산서성 서남 옹담으로 옮겨 주었다. 노인은 덕분에 가족들과 잘 살았다고 한다.

 나는 재미있다며 많은 것을 배우고 느꼈다고 했다. 그이는 나에게 한 우물을 파라는 이야기를 자주 했는데 나에게도 해당하는 이야기가 아닌가 싶었다. 정성이 지극하면 하늘도 감동하고 무슨 일이든지 정성을 다하면 어려운 일도 이룰 수 있으니 나도 남은 시간은 더 알차게 살아봐야겠다. 시월의 끝자락에 남편과 같이했던 시간이 잔잔한 행복으로 오래오래 남을 것 같았다.

칼의 추억

신경희

수필가, 54년 서울 출생
숙명여대 사학과 졸업
중등교사 명퇴
문학고을 신인 문학상 수상
문학고을 시, 수필 등단
문학고을 고문 및 자문위원
공저:『문학고을 시선집 1~7집』

칼의 추억

 별스럽지 않으나 중히 여기는 물건이 있다.
 까만 손잡이에 날 중간이 조금 휘어진 오래된 과도가 애장품이며 애용품이다.
 결혼해서 시댁에 갔을 때부터 보았던 것으로 시아버지께서 밤을 치시거나 과일을 깎으실 때마다 사용하시던 것으로 이미 그때에도 새것이 아니었고 결혼한 지 40년이 넘었으니 이 칼이 집 안에서 사용되기 시작한 것은 적어도 50년은 넘었을 것이다.
 아버님께서 명절이나 가족 모임을 앞두고 음식 장만을 할 때면 마당 샘가에 앉으셔서 숫돌을 놓고 크고 작은 칼들을 갈아주셨는데 새 칼을 두고 오래된 듯 보이는 낡은 칼을 사용하시는 모습이 궁상스럽게 보이기도 했지만, 막상 써 보니 손잡이가 작고 칼날도 길지 않아 안정적인 느낌이 들고 워낙 칼을 잘 갈아 쓰시는 때문인지 다른 칼보다 사용하기에 편함이 느껴져 그 칼을 애용하시는 이유를 알 듯했고 언제부터인가는 나도 과도를 써야 할 일이 생길 때에는 꼭 그 칼을 쓰게 되었다.

어머님이 돌아가신 후 얼마 동안 자식들이 번갈아 가면서 홀로 계신 아버님 수발을 들어드리는 중에 차츰 기력이 약해지시더니 온 방에 휴지를 흩트려 놓기도 하는 등 치매 증상이 나타나기 시작했다. 병원을 가야겠다 생각을 하면서 날짜를 보내던 어느 날인가 저녁을 드시고 침대에 누우신 것까지 확인하고 방에 들어왔는데 얼마 되지 않아 부스럭 소리가 나길래 거실로 나가보니 늘 사용하시던 그 칼을 들고 벽에 붙어있는 콘센트를 뜯고 계셨다. 갑자기 치매 증상이 심해져 칼을 드라이버로 착각하신 것 같아 살살 달래서 칼을 내려놓고 다른 이야기로 화제를 돌린 뒤 이야기를 나누다가 잠이 드시는 것을 확인하고 나서야 마음이 안정되었다.

짧은 순간 겪었던 난감한 일이긴 했지만 치매 상태에서도 주방 서랍에서 칼을 찾아내 고장 난 것을 해결하시려는 모습에서 아버님에게 그 칼은 당신 손에서 뗄 수 없는 만능 도구로 각인된 것 같은 생각이 들었다.

점점 치매가 심해지면서 집에서의 간병이 어려워져 병원으로 모셨다가 돌아가신 뒤 집을 정리하면서 낡은 과도는 아버님 사용하시던 애착 물건이어서 그런지 버려지지 않아 내가 가져와 지금도 사용 중이다.

가난한 피난민으로 6남매를 키우느라 고생만 하다 가신 부모님에게서 칼 하나라도 물려받았으니 이 칼이 유일하고 소중한 유물이라고 남편을 놀리면서 칼을 쓸 때마다 빙긋이 웃으시던 아버님 얼굴을 떠올려보는데, 샘가 구석에 놓여있던 가운데가 쑥 패인 숫돌, 그 숫돌도 칼만큼 오래되었을 것으로 칼을 챙기면서 숫돌을 미처 생각지 못한 아쉬움이 드는 것은 그리움과 함께 잘해드리지 못한 후회의 아픔이기도 하다.

한반도에서는 기원전부터 철기가 사용되기 시작해 농기구까지 철로 만들어 썼다고 하는데 2000년이 지난 지금까지도 다른 어떤 대체 물품 없이 생활의 필수품으로 독주를 하고 있으니 훗날에도 칼은 점점 더 단단하게 진화되면서 항상 생활 속에 있을 것이다.

그런 면에서 문득 아버님 물려주신 유일한 유물, 이 오래된 과도를 아들에게 물려주면 뭐라 할까 생각하며 웃어본다. 성질 급한 아들은 이런 낡은 칼을 뭐하러 주느냐며 외면할 것 같고, 며느리는 마지못해 받으면서도 내가 처음 그 칼로 밤껍질을 벗기시던 아버님 모습을 보고 느꼈던 궁상스러움을 느낄까.

아 아니다, 그냥 주지를 말고 며느리가 보는 앞에서 이것과 함께 다른 칼을 놓고 과일을 깎거나 밤껍질을 벗기던가, 아니면 직접 써 보면서 이 칼의 좋은 점을 느끼도록 해야겠다. 그렇게 해서 아버님 칼의 안정적 사용감을 느끼고 왜 내가 이 칼을 버리지 않았는지, 왜 물려주려고 하는지를 스스로 알도록 해 오래되었다고 낡아 보인다고 무조건 버리는 것이 아니라 사용에 편리한 것은 세월이 가도 그대로 쓸 수 있다는 것을 직접 보여 주고 아버님의 생전 이야기도 함께 들려주어야겠다.

오늘 이 작은 칼 안에 담긴 아버님의 모습을 떠올리면서 그리운 마음을 적을 수 있음에 행복을 느낀다.

어머니의 고향

이만수

수필가
1967년1월31일 전북 전주 출생
1991년 육군 제대
1993년 중앙대학교 경제학과 졸업
1994년~현재
(주) 세광섬유 경영지원부 이사 재직
1997년~현재 경기도 안산 초지동 거주
문학고을 신인 문학상 수상
문학고을 등단 시부문
현) 문학고을 충남 지부장

어머니의 고향

아버지는 한 자리에 오래 머물지 않는다. 어쩌다 먼 친척네 딸아이 결혼식에라도 가는 날엔 일사천리—瀉千里 예식이 끝나면 제일 먼저 식당으로 가 후다닥 대충 식사를 마치자마자 어머니 옆구리를 툭 치며 그만 일어서자고 하신다. 그런 아버지가 못내 서운한 어머니는 "동상, 이게 얼마만인데… 얘기 좀 더 하고 가지"하고, 조금 전 식당에 앉자마자 반가워 꼬옥 잡았던 손을 놓지 않는, 어릴 적 살갑게 지냈다는 고향 사촌언니의 손을 어렵사리 뿌리치고 일어서야 했다.

그런 아버지의 성격 때문에, 아버지는 아버지 나름의 생生의 이유가 있는 성격이지만, 어머니는 90평생 사는 동안 어디 한 곳 여행을 다녀 본 적이 없다. 여행은 커녕 데이트라는 이름의 외식 한 번 제대로 해 본 기억이 없다. 물론 여행이나 외식을 할 정도로 넉넉한 집안형편도 아니었지만, 아버지는 그런 것 자체를 싫어 하셨다.

그런 아버지가 병들어 다리에 살이 없어, 가끔 주무시기 전에 내가 다리를 주물러 드릴 때면, 뼈가 한손에 잡혀 사람의 인체구조를 속속들이 알 수 있을 정도가 되셨을 때쯤 갑자기 "강원도도 한번 못 가봤네. 감자는 강원도 감자가 제일 맛있는데…" 하신다. 그런 아버지의 예상치 못한 여행 투정에 "살다 살다 별 일을 다 보겠네" 하시면서도 어머니는 신이 나셨고, 나, 작은 형 그리고 전주 사는 큰누나와 함께 속초를 향해 차를 탔다. 그게 아버지와 어머니의 70여년 결혼생활의 처음이자 마지막 여행이 되었다.

아버지가 지병持病으로 돌아가시고 1~2년이 지나 차츰 하늘 잃은 슬픔이 조금씩 조금씩 한여름 안개처럼 흐려지고 있을 무렵, 어머니의 병세가 점점 악화되고 있었다. 그 사이에 나, 작은형 그리고 인천 사는 큰형과 10여 년 전까기 살았던 인천집에서 가까운 연안부두 선착장에 휠체어를 타고 가 허름한 횟집에 들러 조개구이 몇 개 먹고 왔고, 전주 사는 큰누나 집에 놀러가 어릴 적 내가 살았다는 노성동 성당 아래 옛 집터도 찾아 가 보고 왔지만, 정작 어머니는 자신이 태어나 시집 가기 전까지 철없이 뛰놀던 고향집을 시집 간 이후로 한 번도 가 본 적이 없어서 늘 마음 한 구석 허전 해 하셨다.

주소라도 알면 금방 찾아 갈 수 있으련만, 김제 금산사 자락이라는 대략의 지리적 위치와 어머니의 아버지께서 그 마을 제일 높은 훈장訓長님 이셔서 지금 그 마을서 살고 있는 동네 노인네들은 다 할아버지 밑에서 글을 배운 제자들이거나 그 제자들의 아들딸들 일 것이라는 전설 같은 얘기, 그리고 어머니가 살던 마을과 옆동네 마을을 잇는 작은 다리 옆에 아주 큰 느티나무가 있어서 늘상 그 곳에서, 어릴 적 수다쟁이 '순이'라는 별명으로 더 유명했다는, 어머니가 살다시피 했다는 한 조각 파편 같은 기억만으로 어머니의 90여년 전 까마득한 고향집을 찾아드리겠다고 마음 먹는 건 나와 우리형제들에게 그리 쉬운 결심은 아니었다.

하지만 어머니의 건강상태가 점점 안좋아졌고, 그럴수록 하루라도 빨리 어머니의 고향집에 대한 발걸음은 다급해졌기에 무작정 차를 몰고 나섰다. 비슷비슷한 시골마을… 커다란 느티나무는 차를 타며 지나친 수많은 낯선 마을 어디에나 하나씩은 다 있었고, 금산사 아래 마을은 띄엄띄엄 있긴 했어도 하나 둘이 아니었다. 점점 자신감을 잃고 지쳐가는 나와 형제들, 그리고 어머니

어머니는 개울가 빨래 짜듯 오래된 기억들을 짜내고 짜내 억지로라도 고향집을 만나고 싶어 하셨지만, 그도 쉽지 않은 듯 거의 체념 상태에 들어갔고, 그나마 죽기 전에 고향 언저리까지 와서 고향 흙냄새, 바람냄새라도 맡아 보았다는 사실에 자족自足해 하는 눈치였다.

이젠 마지막이다 싶어 마을 안쪽 허름한 집앞, 한낮 따뜻한 햇볕을 쬐고 있는 꾸부정한 할머니에게 길을 물었다. 혹시 예전에 훈장님 댁이 어딘지 아시나요?, 혹시 수다쟁이 '꼬마 순이' 언니를 아시나요?…

우리들은 그 할머니, 어머니의 훈장아버지의 제자의

머리 하얀 딸의 도움으로 어렵사리, 정말 운좋게도 어머니의 고향집 앞마당에 다달았다. 넓던 마당은 두 개의 번지로 쪼개져 담장으로 막혀있어 어머니의 좁은 등처럼 작아 보였지만, 까만 기와지붕이며 여물 먹이던 외양간의 소는 그대로 있었다. 어머니는 펑펑 눈물이 날만도 한데 그저 조금 글썽글썽한 눈동자로 한동안 말없이 아득한 기억 저편과 이편을 넘나들고 계셨다.

나는 지금 어머니 아버지 산소에 들러 한쪽 큰 나무 그늘 아래 앉아 있다. 어머니도 지금쯤 김제 고향집 앞마당, 커다란 느티나무 그늘 아래 앉아, 어린 "순이"로 돌아가 천진난만한 웃음으로 천방지축天方地軸 뛰놀고 계시려나?… 가벼운 미소를 짓는 내 입가에 뜨거운 눈물이 한 줄기 흘러내리고 있다.

봄 애상哀想

이재은

수필가, 65년 경기도 출생
수원여대 간호학과 졸업
강원대학교 산업디자인학과 졸업
제주대학교 시각디자인 석사 졸업
현) 동안산 병원 간호사 재직
문학고을 신인 문학상 수상
문학고을 등단 수필부문
수필집 출간: 「고슴도치 엄마 이재은입니다」
문학고을 작가 대상 수상
현) 문학고을 경기 남부 지부장

봄 애상哀想

1.

가난했던 시절, 에피소드라고 하기에는 잊을 수 없는 슬픈 사연이 있다.

그때도 늦은 봄이었다.

막냇동생이 태어난 지 일주일 되던 날 미국에 사는 아빠의 X 동생(시영 남매라고 불렀던 것 같다.) 가족이 다니러 왔다. 국제결혼을 한 작은 고모는 아들 둘과 딸이 있었다. 외국인을 처음 보는 내 눈에는 모두가 왕자님이고 공주님으로 보였다. 차림새도 시골 아이들과는 달랐고 특히 딸 제니는 열두 살 나이에도 화장하고 귀고리도 한 모습이 영 내 또래 아이들과는 달랐다.

나이가 같다는 이유로 제니와 나는 바로 친해졌다. 비록 말은 통하지 않지만 머무는 한 달 동안 우리는 각별한 사이가 되어 제니를 교실까지 데려가기도 했다. 엄마는 출산한 지 일주일 만에 자리를 털고 일어나 그 가족들의 뒷수발을 들었다. 큰 고모 집에는 항상 손님들이 많았는데 거기에 미국 손님을 보러 동네 사람들까지 몰려왔다. 하루에

셀 수도 없이 많은 밥상, 다과 상을 차려내야 하는 일은 엄마의 몫이 되었다. 그런 엄마가 안쓰러웠지만 딱히 내가 도울 일이 없어서 근심 어린 눈으로 엄마 주위를 맴돌았다. 심성 고운 엄마는 싫은 내색 한 번 없이 그 일들을 다 해내고 밤이면 끙끙 앓았다.

정해진 한 달이 다 갈 무렵 어느 날이었다.

미국 고모는 서울에 다녀오면서 내가 한 번도 본 적 없는 먹을 것들을 사 왔다. 지금 생각해 보니 햄버거, 소시지, 바나나, 그리고 이름을 알 수 없는 깡통에 담긴 먹거리였다. 미국 아이들은 즐거워하며 그것들을 먹기 시작했다. 주변에 다른 아이는 나 하나뿐이었다. 어린 마음에 그것들이 궁금해서였는지 나는 아직 자리를 지키고 있었다. 그때 제니가 제 엄마에게 뭐라고 말을 했다. 행동으로 봐서는 바나나 한 개를 나에게 줘도 되느냐고 묻는 것 같았다. 고모가 나에게 말했다.

"얘네 들은 비행기 타고 미국 가야 해서 이런 것 먹고 힘내야 하거든 네가 이해해라."

내가 달라고 한 적도 없는데, 갑자기 뻘쭘 한 기분이 들었다. 그 상황을 엄마가 보고 있었다. 엄마는 나를 조용히 불러 집에 가라 하셨고 나도 냉큼 일어나 집으로 돌아왔다. 저녁 마무리까지 마친 엄마가 돌아와서는 나를 위로하셨다. 사실 난 별 서운함이 없었던 것 같은데 그 상황을 본 엄마는 마음이 많이 상한 듯했다. 다음날 엄마는 큰 고모 집에 가지 않았다. 상황을 모르는 아버지는 며칠이면 갈 텐데 왜 가서 돕지 않느냐고 역정을 냈지만 한번 삐뚤어진 엄마의 마음을 돌이키기에는 역부족이었다. 뒤늦게 큰 고모가 와서 엄마와 나에게 사과를 했다. '어릴 적부터 저 하나밖에 모르더니 나이 먹고도 철딱서니가 없다고 올케가 넓은 마음으로 이해하라'는 큰고모의 사죄 덕분인지 원래 고운 엄마의 심성 때문인지 결국 엄마는 그들이 돌아가는 날까지 뒷수발을 들었고 이후에도 며칠간 이불 정리며 청소까지 완벽하게 끝냈다.

우리 집에서는 바나나를 원수라는 말과 붙여 쓴다.

엄마는 이후에 바나나라는 말을 할 때마다 '웬수같은 바나나'라고 하며 지금 그 사람들이 오면 바나나 한 트럭을 당장 살 거라고 한 맺힌 진심을 말하곤 한다. 바나나를 그림으로만 알고 살던 그때는 그게 무슨 맛인지도 몰랐는데 이 사건 덕분에 나에게 바나나는 슬픈 과일이 돼버렸다. 몇 년 후 시내로 이사 와서 시장에 바나나가 보이면 엄마는 제일 큰 놈으로 한 송이씩 사 오곤 했다. 마치 한풀이라도 하듯이.

그러나 딸이 바나나 앞에서 뻘쭘 하던 그 모습은 영영 엄마 가슴에서 지울 수 없었는지 '웬수같은 바나나'는 여전히 엄마의 레퍼토리가 되었고 찬란한 봄이 올 때면 여지없이 봄의 애상으로 남아있다.

2.

금년 봄 수연이가 유치원에 입학했다. 회색 주름 스커

트에 와인색 스웨터 원복이 백설 공주처럼 새하얀 피부를 가진 수연에게 잘 어울렸다. 연실 카메라에 그 모습을 담는 막냇동생의 모습이 행복해 보였다. SNS에 온통 수연의 등원 길에서부터 하원까지 모든 일상을 리포터처럼 생중계하고 있다. 나는 그런 동생의 모습을 보며 그가 수연이 나이 무렵에 겪었던 슬픈 추억이 생각나서 가슴 한편이 저릿하다.

나와 열한 살 차이가 나는 막냇동생이 엄마 태중에 있을 때 입덧부터 그의 출생 그리고 성장과정을 기억하는 나에게 막냇동생은 때로 아들 같은 느낌이 있다. 웃는 모습이 예뻐서 더욱 막내로서의 귀여움을 독차지하던 그때는 가정 형편이 좀 나아진 때였다. 시내에 집을 새로 짓고 이사해서 완구점을 운영하던 엄마 덕분에 내가 그 나이 때와는 사뭇 형편이 달랐다. 냉장고도 들어왔고 컬러 TV도 생겼다. 일명 백색가전의 전성시대에 편입한 우리는 곧 마이카 시대가 올 것을 기대하고 있었다. 막내는 우리와는 다르게 갖고 싶은 장난감이 있으면 먼저 개봉해서 제 것으로 삼았고 동네 구멍가게에도 맘대로 드나들며 제집처럼 군것질을 하는 특권이 있었다. 그래도 우리가 자랄 때처럼 야단 듣지 않고 모두가 예뻐하던 우리 집 막내.

그런 막내가 유치원 갈 나이가 됐다. 엄마는 당연히 막내의 유치원을 알아보고 있었다. 그런데 문제가 발생했다. 아버지의 반대가 만만치 않았다.

"얼어 죽을, 유치원은 무슨. 언제부터 밥 굶지 않았다고 남들 따라서할 거 다 하려고 하는데? 남들 장에 간다고 오줌장군 지고 따라간다는 말 알어 몰러?"

　아버지의 반대는 완강했다. 엄마의 어떤 설득과 회유도 통하지 않았다. 당신이 못 배우고 산 세월이 원이 되어 자식이라도 공부시키겠다는 엄마와 분수껏 살라는 아버지와의 대화는 언제나 집안 공기를 탁하게 했다. 승자는 변함없이 아버지였다. 이번에는 마지막이라서 지고 싶지 않았던 야심 찬 반격은 무참히 밟혀 멍 자국으로 남았고 결국 엄마의 완패로 끝났다. 아직 아무런 힘을 보탤 수 없는 나는 엄마의 눈물에 동참하는 것으로 위로를 건넬 수밖에 없어서 안타까웠다.

　"엄마 싫어요."
　"빨리 벗고 이거 입어."
　"창피하단 말이에요."
　"애가 왜 말을 안 들어. 얼른 입고 돌려줘야 한다고."
　"그럼 딱 한 장만 찍어요."

　엄마는 옆집 찬우의 유치원복을 빌려와서 막내에게 입히고 원하던 사진 한 장을 찍고서야 이 사건은 마무리되었다. 낡은 앨범에 그날의 증거처럼 사진 한 장이 있다. 그러나 여기에는 막내의 예쁜 미소가 보이지 않았다. 어렸지만 남의 옷을 빌려 입고 사진 한 장을 찍어야 하는 막내가 엄마를 이해하기는 쉽지 않았을 것이다. 싫다는 막내를 이해하지만 그 시기에만 할 수 있는 것이기에 남의 것을 빌려서라도 추억으로 남겨주고 싶었던 엄마의 사랑이 서로 이해충돌을 일으킨 사건은 두 사람 모두에게 아픈 추억이 되고 말았다.

수연의 유치원복을 보는 엄마는 손녀의 예쁜 모습 보다 막내아들의 그날을 먼저 기억하며 눈물을 보였다. 괜한 짓을 해서 어린 막내아들한테 슬픈 기억을 남겼다는 자책이 사십 년을 훌쩍 지난 지금도 엄마 가슴에 남아 있어 봄이면 상처를 헤집고 있는지도 모르겠다.

어쩌면 막냇동생이 저토록 기뻐하는 것은 지난날들에 대한 보상심리가 아닐까 하는 생각이 들었다. 평소에는 가지 않는 백화점에 들러 수연에게 줄 입학 선물을 준비했다.

"고모 고맙습니다."라고 배꼽 인사하는 조카를 보며 '이 아이는 모르겠지, 왜 어른들이 수연의 유치원 입학에 그토록 기뻐하는지.' 라는 생각이 들었다.

가난한 시절 엄마는 그렇게 슬픈 봄을 맞아야 했고 팔순 되는 지금까지 봄마다 아파하고 있다. 남은 엄마의 봄에는 아픈 시간이 잊히고 행복한 기억으로 가득 채워지길……

신나는 인생

이현경

수필가, 서울 출생, 시현실 등단
시집: 『허밍은 인화되지 않는다』, 『맑게 피어난 사색』
서울시 시민공모전 당선, 제25회 전국우암공모전 수상
제79회 한국인터넷문학상 수상, 제1회 유안타증권 사계공모전 수상
제5회 전국여성문학공모전 수상, 제26회 대덕문화원 시 공모전 수상
2021년 안양문화예술재단 공모 시 당선, 제20회 탐미문학상 시 부문 수상
2023년 주간 한국문학신문 공모전 수상
2023년 문학고을 전국공모 수필 당선
제19회 충.효.예 실천사례 공모 우수상
문학고을 신인 문학상 수상, 문학고을 등단 수필 부문

신나는 인생

경쾌한 음악이 흐르고, 워킹을 하기 전 기본 몸풀기를 한다. 고개는 정면을 향하고 배를 집어넣고 다리는 모으고 하나, 둘, 셋, 넷… 선생님의 구령에 맞춰 열심히 따라 한다. 수업 시작한 지 얼마 안 되어서 몇 사람이 허둥지둥 들어온다. 역시 우리 언니도 부랴부랴 내 옆으로 다가와 자연스럽게 동작을 이어간다. 모델 워킹의 기본 걸음을 걸으며 우리들은 즐겁게 수업에 임한다. 오늘은 샤넬 턴을 배우는 시간이다. 선생님의 우아한 몸동작을 따라 하느라 진땀을 빼고 몇 번 돌다 보면 어느새 50분 수업이 끝난다. 끝나는 시간은 아이들이나 어른이나 마찬가지로 신난다.

"언니, 지각 좀 하지 마."

"아침에 일 좀 보고 오면 꼭 이렇게 늦어. 나도 미치겠어요. 아참, 식권 끊었어?"

"그럼, 오늘은 무슨 반찬이 나올까? 기대된다."

언니들과 일주일에 두 번 만나서 마음에 드는 강좌도 배우고 시니어를 위해 운영하는 식당에서 이천 원짜리 점심을 사 먹는다. 요즘에 물가가 많이 올라서 음식값도 덩달아 뛰었지만 이곳에서만큼은 그전 가격 그대로다. 이천 원이라고 해서 형편없는 것이 아니라 일반 식당에서 나오는 음식보다 훨씬 맛이 좋다. 이 시간이면 영락없이 배꼽시계가 울려댄다. 우리는 줄을 서서 기다리다가 식판에 밥과 반찬을 가져와 뭐가 그리 좋은지 실실거리며 먹는다. 일주일에 있었던 사소한 일들을 얘기하다 보면 가끔 점잖은 분한테 조용히 하라고 혼나기도 한다. 혼나고 잠깐 잠잠하다가 다시 떠들어 또 혼나고… 그러다 식사를 마치면 우리는 다 먹은 식판을 식당에 갖다두고 커피숍으로 들어간다. 시니어를 위한 곳이기에 여기서도 커피 한잔에 이천 원이다. 여느 커피숍보다 커피 향이 좋고 진하다. 차를 마실 때마다 언니들이 서로 산다고 해서 어쩌다 계속 얻어 마시게 되었는데 불편하고 미안한 생각이 들어서 내가 방법을 생각해냈다.

"언니들, 앞으로 이렇게 하면 어떨까요? 차는 각자 사서 마시는 것으로요…"

내가 더치페이를 하자고 했더니 언니들이 처음에는 난색을 표했다.

"우리들 사이에 너무 삭막하다. 차를 누가 사면 어떠니?"

그래도 계속 설득을 하니 언니들이 좋다고 했다. 그런 뒤로는 내 마음도 한결 편해졌다. 우리는 커피잔을 기울이며 시간 가는 줄도 모르고 이야기꽃을 피웠다.

"벌써 이렇게 시간이 됐네. 아쉽다. 모두 5분 있다가 일어나자."

하루를 알차게 보내고 늦은 오후가 되어서야 일어난다. "건강하게 잘 있다가 며칠 있다 또 보자. 팔팔하고 신나게." "네. 언니들, 조심히 들어가세요." 이렇게 우리는 일주일에 두 번을 만나서 좋아하는 강좌도 듣고 식사도 하고 차도 마시는 사이가 되었다. 아마도 전생에 아주 특별한 사이가 아니었을까? 근 십 년을 살갑게 보냈으니 가까운 친척보다도 아니 가족들보다도 더 친밀하다. 처음부터 가깝게 지낸 것은 아니다. 시니어센터에 강좌를 배우러 가서 자주 만나게 되니 자연스럽게 좋은 인연으로 이어지게 된 것이다. 오늘도 행복이 충만한 하루에 감사하며 버스에 오른다.

'앞으로도 팔팔하고 신나게 잘 살았으면 좋겠다.'

압구정 팥집

전설

수필가, 서울대법학전문대학원 석사와 박사를 수료. 연세대 영어교육학 석사. 영국에섹스대학교 영어교육학석사와 박사를 수료. 고려대학교에서 영어교육학 박사 1호. 한국외대영어과 수석졸업 및 4년 장학생, 한국방송통신대 법학과 졸업 및 국문학과 졸업예정, 외대부고(구 용인외고) 창립멤버로 12년간 근속 및 한국외대교육대학원 영어전공교수역임. 숭실사이버대 실용영어학과 교수. 초, 중, 고 영어교과서 개발 및 심의위원, 한국교육개발원 연구위원 및 EBS 방송진행 및 심사위원, 각종 영어경시대회 자문위원 및 심사위원장, 교육 및 인문학 칼럼니스트, 2017 스포츠 서울 이노베이션 기업 & 브랜드 대상 혁신리더-교육,강연가부분, 2017 스포츠 동아 대상-혁신리더. 교육강연가 부문, 2017 뉴스메이커 혁신리더 대상-교육,강연가부문, 2017 대한민국 인물대상, 2017 오피니언 리더대상-명강사부문, 이코노미 뷰 메인표지모델 선정, 페스탈로찌 교육자상 및 교육공로상, 타임즈 및 성균관대 우수지도상 및 프루덴셜생명 봉사상, 창의력올림피아드 우수지도자상, 현 대치동 전박사아카데미입시진학지도 대표 및 숭실사이버대 교수. 입시 및 대기업체 및 공공기관 강연전문가. 문학고을 신인 문학상 수상,문학고을 등단 수필 부문

압구정 팥집

 팥죽하면 동짓날 잡귀를 물리치기 위해 우리네 어머님들은 그렇게 기나긴 밤을 아궁이에 불을 지폈나 보다. 세월이 흘러 팥죽은 이제 악귀를 물리치는 퇴치용이 아니라 기나긴 밤 과거를 추억하며 가족들끼리 삼삼오오 먹는 향수의 그리운 맛이 되었다. 압구정동에 팥집이라고 하니 다들 의아하게 생각한다. 내가 보낸 동영상을 보고서 친한 동생은 "요즘도 사람들이 팥죽을 먹나 보다!" 하며 깜짝 놀랐던 기억이 있다.
 그만큼 팥죽은 현대인들에게는 다소 낯선 아니 어쩌면 너무나 오랜 정성이 들어가야 하기에 감히 엄두조차 못 내는 음식이 되고 말았다. 점심 무렵, 이 한 그릇의 팥죽을 먹기 위해 가게에 들렀다. 팥죽을 비롯해서, 팥물, 콩국수, 콩물, 단호박죽, 장칼국수 등 즐비한 음식들이 도심의 그것도 강남의 한복판에서 사람들의 향수어린 입맛을 자극하고 있다. 으레 연세드신 분이 많을 거라 생각하겠지만 젊은층에서 의외로 인기가 높다. 자극적인 맛에 길들여진 MZ 세대가 팥죽과 같은 전통적인 맛을 좋아할 것이라 상상도 못했는데 내 눈을 의심할 정도로 젊은 친구들이 점심 식사로 팥죽을 선택하는 진풍경에 멍하니 그저 바라보기만 했다. 이내 정신을 차리고 안을 들어가보았다. 소담한 식당 풍경이 마치 시골에 어느 한적한 자그마한 가게에 온듯한 정겨움이 곳곳에 묻어났다. 소품이라고 해야 그저 팥이 담긴 팥자루랑 누런 큰 호박이 전부였지만 가게에서 풍겨나오는 은은한 내음은 시골 정취를 자아내기에 충분했다.

코로나가 이제 거의 끝났기에 방역당국도 실내마스크 사용을 강제하지 않았지만 그래도 사람들은 아직 두려운지 10명에 절반은 마스크를 착용하고 가게에 들어선다. 아직 마스크를 벗은 모습이 익숙하지 않은 점도 있지만 행여 감기가 성행하는 시절에 감기인지 코로나인지 걸리면 회사를 비롯한 직장생활에 타격이 있기 때문에 조심하는 듯 하다. 하긴 서로 조심해서 나쁠 것은 없지 않은가? 게다가 이제 대중교통에서도 마스크 자율화가 이루어졌으니 이제 그렇게 3년 간 우리네 삶을 옥죄던 코로나도 이제 역사속으로 사라지는게 아닌가 그런 생각이 들며 만감이 교차한다. 물론 자율화가 시행되면서 마스크 착용이 의무가 아닌 권고로 바뀌었지만 여전히 기존의 삶에 익숙한 사람은 마스크를 지하철에서 고집한다. 참 습관이 무섭다는 생각이 든다. 하긴 마스크로 얼굴을 가리는데 익숙해졌는데 갑자기 얼굴을 드러내는게 낯설고 무섭게 느껴졌을 수도 있다. 한동안 마스크를 착용한 사람과 벗은 사람이 공존하는 풍경이 연출될 것 같다. 한참을 넋놓고 손님들을 관찰하며 지나간 시간의 상념에 빠져본다. 그러다 이내 코끝을 은은히 자극하는 팥향에 취해 얼른 고개를 들어 정신을 차린다.

강원도 영월에서 직송해온다는 온갖 농작물은 선뜻 전문가가 아닌 내가 봐도 뭔가 한국의 정취가 곳곳에 묻어있을 것만 같은 그런 느낌이 들었다. 고소한 냄새가 폴폴 나는 쿠커에 다가가 잠시 그 향기를 맡아보았다. 어린 시절, 어머님께서 유독 땅콩을 많이 볶아 주시곤 했는데 머리를 많이 쓰며 공부하는 학생에게는 땅콩에서 나오는 불포화지방산이 필수적이라며 밤새 정성스레 볶아주시던 그 손길이 쿠커의 자동으로 돌아가는 바퀴와 사뭇 비교가 된다. 금새라도 어린 시절처럼 손이 먼저 갈 것 같아 애써 버버리 코트에 손을 훔치고는 코로만 냄새를 음미했다. 추억여행이 따로 없었다. 그만큼 도심에서 느끼는 색다른 정취가 아련한 추억여행을 상기시키며 많은 것을 떠올리게 했다.

단호박죽이 나왔는데 고백하자면 우리 어머님이 끓여주신 호박보다 더 맛이 났다. 뭘 첨가했는지 알 수 없지만 마치 호박 진원액을 몇 십배 응축해서 끓인 진한 맛이 우러나왔다. 색이 마치 내가 끼고 있는 순금 반지색에 견주어 손색이 없을만큼 샛노랑 색깔이 더욱 화사하게 느껴졌다. 한 가지 단점이 있다면 양이 너무 적어 소식가들에게는 인기가 있을지언정 보통 사람에게는 부족한 면이 있지 않나 그런 생각이 들었다. 몇 그릇이라도 마음만 먹으면 먹을 수 있을 정도로 고소한 맛이 일품이었고 시각적인 맛까지 합치면 그 맛이 몇 배가 증가된 느낌이다. 무엇보다 새알심이 곳곳에 박혀 있어 새알심을 골라 먹는 쫄깃한 맛도 잊을 수가 없다. 노란 황금빛 바다에 하얀 진주알이 박혀 있는 형국이 너무나 진귀하게 느껴졌다.

그리고 팥을 끓여서 진하게 우러 낸 팥빙수는 아직 춘삼월 봄임에도 불구하고 때 인기가 있을 정도로 그 맛 또한 훌륭했다. 아직 입으로 들어오는 우유빙설이 차갑기도 했지만 그래도 달콤함이 가미되어 촉촉이 혓가에 녹아들었다. 팥빙수 위에 올라가는 쫄깃쫄깃한 찰떡은 식감조차 감미롭고 촉촉해서 입안에서 한참을 음미하면서 그 여운을 즐길 수 있었다. 원래 떡을 너무 좋아해서 떡집아들이라는 별명이 생길 정도였는데 역시 팥빙수에 들어가는 떡은 찰기가 여느 찰떡과 견주어도 손색이 없을 정도로 쫄깃쫄깃 그 맛이 일품이다.

다 먹고 나서 다시 창 너머로 보이는 손님들의 행복한 표정을 읽을 수 있었다. 압구정 한복판의 점심은 그렇게 바쁜 도시인들의 입맛을 유혹하는 팥집의 정감 어린 식감으로 조용히 마무리되어가고 있었다. 돌아오는 발걸음이 못내 아쉬워 난 다시금 안으로 들어가 이것저것 주문을 했다. 그리곤 벌써 집에 돌아가서 저녁 먹을 생각에 마음 한 곳이 행복함을 느낀다.

우리나라 농심이 지금처럼 그대로 계속 대를 이어 우리 농토에서 나는 농작물에 고스란히 이어지기를 간절히 기도드려 본다. 먹걸이마저 외세화 된다면 과연 어떻게 될지 벌써 겁이 난다. 작은 인생의 행복함에 감사드리며 발길을 돌린 채 다시 팥집 간판을 유심히 보며 내 마음속의 일기를 마친다. 춘삼월 코 끝에 일렁이는 바람이 아직 옷매무새를 여미게 할만큼 차갑긴 하지만 그래도 겨울과는 비교가 안될 정도로 다정한 봄바람의 향연에 벌써 마음은 따뜻한 봄을 기대하고 있다. 어느새 도심에도 살짝 담장으로 보이는 매화꽃이 봄이 왔음을 알리고 있다. 순백의 매화가 부디 오래 지속되길 간절히 바라며 나의 중년의 청춘도 이대로 시간이 멈춘 채 지속되길 기도드려 본다. 압구정 풍경이 유난히 정겨운 것은 내 마음에도 아직 희망의 봄바람이 일렁이기 때문일 것이다.

선생님과의 추억

전혜수

수필가
55년 충남 광천 출생
대전 중구 문화원 백일장
좋은생각 6월호 기재
한밭문인협회 수필 장려상
문학고을 신인 문학상 수상
문학고을 등단 수필부문

선생님과의 추억

　평범한 생활 속에서도 신선하고 감동과 기쁨을 줄 수 있는 사람은 창조적으로 살아간다고 생각하며 오늘에 작은 행복도 커다란 행복으로 느끼며 살아가고 있다.
　서울의 정릉에 자리하고 있는 청덕 초등학교에 강 래구 교감 선생님이 계셨다
　오랜 세월이 흐른 탓일까 여러 번 전화에도 결번으로 나오니 마지막 근무하셨던 학교로 문의해도 알려줄 수 없다는 답변만 돌아온다.
　잊을 수 없는 선생님 생각이 어제와 같이 오늘도 떠오른다. 선생님과의 인연은 1991년 당시 딸아이 열두 살 오학년 아들 여덟 살 일학년 이었다.
　깊어가던 가을 하늘에는 먹구름만 가득히 날씨마저 싸늘하였다. 서울을 떠나는 나의 심정을 알아주는 듯 곱게 물든 낙엽들은 바람에 휘날리며 사뿐히 내 머리위로 내려와 희망과 용기를 내라며 속삭여 주고 있었다.
　남편의 건강 문제로 서울을 떠나 대전으로 이사오려할 때 교감 선생님은 대전으로 이사하는 것을 무척이나 말리

셨다 말은 낳아서 제주도로 보내고 자식은 낳아서 서울로 보내라는 말이 있는데 왜 지방으로 내려가려 하느냐고 말리고 또 말리셨다. 하지만 서울에서 살아 갈수 없는 사연을 들으신 선생님은 서울을 떠나던 한 제자의 가정을 너무나도 아쉬워하며 서울을 떠난 후에도 계속 관심 속에 지켜봐 주셨다.

5학년이던 딸의 전국 글짓기에 참여한 사연을 보신 교감 선생님은 깊은 사랑으로 칭찬을 아끼지 않으셨다. 어려운 가정형편에 놓인 아이들의 재능을 키워 주시려는 선생님의 마음은 너무나도 크셨기에 딸아이를 가까이에서 지켜봐 주시고 싶다하시던 선생님의 마음이셨다. 딸의 사연은 교내 신문에도 실리게 되었다.

교내신문과 선생님의 마음이 담긴 편지도 딸이 전학한 대전 학교로 보내주셨다.

자식을 키우며 학교에서 칭찬을 받는 일은 부모로서 제일 기쁜 일이라고 하시며 함께 기뻐해 주셨다. 그리고 대전까지 두 번이나 찾아와 주시며 살아가는 모습과 두 아이 커가는 모습도 지켜봐 주셨다 담임도 아닌 일교의 교감 선생님으로서 이 먼 곳 까지 가정방문은 처음이라 하시며 희망과 용기 한 아름씩 담아주시고 떠나시곤 하셨다.

대전에는 선생님의 첫 발령받았던 고장이며 인심 좋은 곳이니 정 드려 가라는 자상한 말씀도 잊을 수가 없다.

선생님은 얼마 후 김포의 신설된 방화 초등학교 교장 선생님으로 발령 받으시어 교원 학교에서 교육중이라는 소식도 전해주시며 쉬는 시간을 통해 동요 분들에게도 한 제자의 가정 이야기도 자랑삼아 하신다는 말씀도 편지 속에 담아 보내주셨다.

선생님과의 편지을 주고받는 생활은 몇 년 동안 이어져 갔고 아이들 커가는 모습도 전하며 남편의 건강도 좋아져 갔다. 선생님의 특별한 한 제자의 깊은 사랑에 감사한 사연이 라디오 방송에 울려 퍼지던 여름 어느 날 선생님과 생방송 인터뷰 하시던 목소리도 생생하게 떠오른다.

전국의 많은 제자들이 선생님의 인터뷰 사연 들었다는 전화가 불이난다고 하시며 자모님 때문에 유명해졌다하시던 선생님과의 인터뷰 사연도 나의 추억 창고에 간직 되어 있다.

학생은 학교 성적도 중요하지만 인성의 가르침이 더욱 중요하다고 자주 말씀 하시던 선생님의 목소리가 요즘 더욱 떠오르는 것은 대학 근처에서 살아가고 있어서일까 선생님의 교육 철학이 더욱 떠오르게 만든다.

서울 하늘 멀리에서도 선생님의 가르침 속에 어렸던 두 아이는 건강하고 성실하게 잘 자라 모두 가정을 이루고 열심히 살아가고 있다.

남편의 건강도 회복하여 이제는 건강한 모습으로 변하여 지나온 옛이야기와 선생님 이야기도 나누는 아름다운 대화는 심전에 행복의 씨앗을 심으며 소중한 하루하루를 보내고 있다.

유명하다고 꼭 행복 한 것도 아니며 부유하다고 꼭 행복 한 것도 아니고 남편을 지키고 내조하면서 자식을 훌륭히 키운다는 평범할 수 있는 일을 끝까지 해내는 그 속에 참된 행복이 숨어 있었다. 이렇게 변한 모습을 보신다면 누구보다 선생님은 얼마나 기뻐하실까 좌절하지 않고 묵묵히 미래의 무지갯빛 하늘을 바라보며 행복을 향한 그곳에 어김없이 새벽은 어둠을 몰아내고 인생의 봄은 조금씩 찾아들고 있었다.

떠오르는 아침 해에 감싸여 자신만이 피울 수 있는 최고의 소중한 사랑의 꽃을 인내의 대지에서 향기롭게 피어내는 일은 최고의 행복이었다.

나무는 거센 바람을 견디고 풍설을 견뎌야 비로소 거목으로 자라듯 현실의 고뇌에 매몰되지 않고 온갖 어려움을 의연하게 타고 넘은 삶 그 곳에 희망이 넘치는 햇살은 찾아들고 슬픔이라는 겨울을 지나 새로운 봄이 산들거리고 있었다.

선생님의 한 제자의 깊은 사랑과 관심은 한 가정의 샘물이 되어 주셨고 밝은 태양 빛이 되어 주셨다.

깊어가는 가을 노을 따라 아름답게 물든 낙엽이 싸여가듯 선생님과 주고받았던 많은 추억들을 삼십년의 세월 속에 묻는다.

계양산 목상동 솔밭 쉼터 산행

정은자

수필가, 1964 부천 거주
문학고을 신인 문학상 수상, 문학고을 등단 수필부문
칼빈 신학교 졸업
서울신학대학교 사회복지학 박사(Ph. D.)
드림 원격 평생교육원 운영교수 역임
한국 열린 사이버 대학교 평생교육원 운영교수
아주대학교 자유학기제 강사
동도교회 피택 권사, 할렐루야 찬양대 임원, 예배안내위원
『소망은 내 곁에』, 『주님 주신 은혜와 행복』 (신앙에세이)
문학고을 제8선집

계양산 목상동 솔밭 쉼터 산행

작년 오월 어린이날이다. 특별한 일이 없어 집에서 쉬고 있었다. 매일 아침에 기도처로 삼은, 집 근처 교회에 가서 기도를 드렸다. 기도와 간구로 마음이 평안해졌다. 예수님처럼 온유하고 겸손한 마음이 내 가슴에서 강같이 흘렀다. 기도가 끝나고 교회 의자에 앉아 있었다. 그때 절친 임전도사의 전화가 걸려왔다. 오늘 어린이날이라서 집에서 쉬고 있다며 계양산 목상동 솔밭 쉼터에 가고 싶은데 같이 동행하면 좋겠다고 한다. 집에 돌아와 간단하게 산행을 준비하고 집을 나섰다. 어머니가 친구를 만난다고 하니까 점심을 사 먹으라고 용돈을 주신다.

잘 놀고 오라고 해서 사양 않고 받아 주머니에 넣었다. 어머니께서 흔쾌히 다녀오라고 창문 너머로 손을 흔들어 주셨다. 인천행 전철을 타고 갔다.

계산역 2번 출구에서 만나서 친구의 승용차로 갈아타고 계양산으로 갔다. 산 입구에 도착하였다.

점심시간이 되어 산 아래 식당에서 이른 점심으로 해물 누룽지탕을 주문했다. 시장 끼가 음식을 당긴다. 어머니가 주신 용돈으로 식사비를 계산하였다.

친구가 전주 한옥 마을 수제 초코파이를 3개 사서 어머니께 드리라고 사준다. 전주가 고향이신 사장님이 음식점에서 전주 한옥마을 수제 초코파이를 받아다가 찾는 손님들에게 팔고 있었다. 한옥마을 초코파이는 그리 달지 않고 방부제가 들어있지 않아서 건강에도 좋다고 하였다. 우리도 전주에서 여고를 나왔다고 했더니 고향의 동지를 만난 것처럼 반가워했다. 음식점을 나와서 차를 타고 계양산에 도착하였다. 많은 차들이 파킹이 되어 있어, 새삼 많은 인파를 짐작케 하였다. 적당한 공간이 있어 주차를 마치고 소나무 향기 가득한 쉼터를 향해 올라갔다. 평지에서 조금 높은 언덕은 걷기에 좋고 산행하기에 안성맞춤이었다. 간간이 텐트를 치고 휴식을 취하고 있는 사람들이 보였다. 산에 오르자 소나무 향기로 가득하였다. 오랜만에 몸과 마음이 이완되면서 신선한 초록빛 산 내음을 맡을 수 있어 행복했다. 중간중간 쉼을 가지며 소나무 향기 가득한 솔밭 쉼터에 오르니 소나무에서 피톤치드가 뿜어져 나왔다. 쭉쭉 뻗은 미송들이 산에 가득하였고 신선한 솔향기가 지친 몸과 마음을 달래주었다. 솔밭 쉼터에서 뿜어져 나오는 피톤치드는 편백나무 숲보다 4배가 높다고 하여 많은 사람들이 이곳을 찾는 장소가 되었다. 지친 몸이 회복되고 건강해지는 느낌을 받았다. 싱그럽고 상쾌하여 기분이 좋았다. 친구가 준비해 온 과일을 먹으면서 지나온 삶과 여정을 이야기했다. 부담

없이 스마트폰 유튜브를 열어 이어폰을 하나씩 나눠 끼면서 은혜, 행복, 친구의 고백 찬양을 들었다. 같이 따라 부르면서 기쁘고 즐거운 시간을 보냈다. '친구의 고백' 찬양 가사가 나의 마음에 들어왔다. 베드로의 고백이 나의 고백으로 오버랩되면서 은혜가 충만해졌다.

찬양을 통해서 나의 신앙을 돌아보는 시간이 되어서 의미가 있었다. 산 경치가 너무 좋다. 계절의 여왕 5월에 연초록 나뭇잎이 시야를 시원하게 해 주고 향기로운 숲과 소나무가 하늘을 향해 쭉쭉 뻗어 있어서 가벼운 마음으로 경치를 감상했다. 모처럼 소나무 숲에서 행복을 느꼈다. 친구의 제안에 고마움을 느끼며 마음 써 줌에 감사하기도 하다.

2시간쯤 산행을 마치고 계양산을 내려와 집으로 돌아오는 길에, 친구가 살고 있는 부평 아파트에 갔다. 거실에 발 마사지 기구가 있어서 30분 정도하고 발 마사지를 하고 나니 피로가 풀렸다. 소파에 기대어 한숨 수면을 청한 뒤, 한 시간쯤 눈을 붙이고 시간을 보냈다. 집으로 돌아오는 길에 위경련이 살짝 와서 몸이 부대꼈다. 점심 먹은 것이 흡수가 잘 안 되었나 보다. 부개역에 살고 있는 초등동창 친구를 오라고 해서 부평역에서 잠시 만났다.

친구가 출석하는 교회에서 어린이날 행사를 마치고 4시경에 약속장소에 나타났다.

반가웠다. 그런데 몸이 불편해서 친구를 기쁘게 맞이하지 못해서 미안해졌다. 친구가 가스 활명수 사주어서

임전도사와 하나씩 나누어 마셨다.

임전도사는 괜찮다고 하고, 나는 친구 얼굴만 보고, 둘이서 좋은 시간을 보내기를 바라면서 몸이 불편하여 일찍 전철을 타고 집으로 왔다. 오는 길에 카네이션과 아이비 식물을 사가지고 와서 어머니께 어버이날 선물로 드렸다.

카네이션 꽃을 보고 어머니께서 고마워하고 좋아하셨다. 해마다 어머니께 선물로 꽃을 사드린다. 어머니는 꽃을 좋아하신다. 그래서 특별한 날에는 장미를 선물하기도 한다. 저녁을 먹지 못했다.

낮에 먹은 것이 안 내려간다 하니까 어머니가 소화가 잘 되는 매실 청을 물과 희석하여 타 주었다. 매실 청을 마시고 한숨 자고 일어났다. 오후 9시경에 몸이 회복되었다. 나는 항상 위장이 약하다.

그래서 위에 좋은 음식을 만들어 먹고 건강을 돌보며 살고 있다. 어렸을 적에는 어린이날이 가장 즐겁고 좋은 날이었다. 그런 날을 이렇게 오십 줄에 들어서 즐긴다는 것이 어쩌면 내 욕심인지도 모른다. 나에게는 큰 의미는 없지만, 특별한 날이었다.

내게 주어진 하루를 즐기며 감사하면서 보냈다.

오늘 하루도 함께하시고 동행하여 주신 주님께 감사와 기쁨과 영광을 올려드린다.

고별 여행

황상길

수필가
1956년 전북 부안에서 태어남.
고등학교 교장으로 정년 퇴임함.
녹조근정훈장 받음.
문학고을 문학상 수상
문학고을 등단 수필부문
문학고을 고문

고별 여행

 살면서 가장 싫어하는 단어 중에 하나가 마지막이다. 물론 시작만큼 설레고 좋은 단어는 없다. 하지만 세상만사에는 시작이 있기에 끝이 있는 것도 부인할 수는 없지만, 그래도 마지막이라는 단어는 생각하지도 않았다.
 그런데 어느 순간, 결코 오래되지 않은 가장 최근 언제부턴가 마지막이라는 단어를 항상 품고 살아가고 있다는 것을 미처 몰랐다. 생각하기 나름이겠지만, 기꺼이 받아들이기가 결코 쉽지는 않아서 이 순간에도 강하게 부정하고 있지만, 한참을 울고 나면 쉽게 체념하고 인정하게 된다.
 그래 지금은 매사가 이 순간이 마지막이라는 생각으로 모든 것을 수용하고자 몸부림친다. 역시 쉽지는 않지만, 그럴 수밖에 없음을 알기에 수긍하고자 부단히 노력하는 중이다.
 그래서일까?
 두 달 이상을 철저하게 감춰온 무서운 결과를 아내에게 들켰고, 賊反荷杖으로 오히려 의기양양한 채로 네 친구 부부들과 함께 여행을 떠났다. 역시 마지막이라는 생각이었기에 체념과 달관 직전의 모습으로 철저하게 은폐 엄폐하면서 동행하며 동고동락을 했다. 술을 제외하고 삼가라는 것을 이틀 동안 원 없이 먹었다.

그런데 저녁식사 자리에서 친구가 인간의 수명에 대해 열변을 토한다. 2019년 기준으로 건강수명은 66세를 넘었고, 남자의 기대수명은 80세가 넘었다며 우리도 아직 기회가 남았단다. 마치 나를 두고, 나더러 들으라고 위로 같지 않은 공감을 준다. 저만치 앉아있는 아내의 얼굴이 티 나지 않게 살그머니 굳어진다. 뒤이어 또 다른 친구가 문구가 새겨진 족자용 작품을 준다. '깊고 간절한 마음은 닿지 못하는 곳이 없다네' 이다. 왜 하필이면 그 순간 그 이야기를 하고 그 문구를 줬을까? 아마도 以心傳心으로 알고 있다는 말 대신 위로와 격려를 준단 말인가? 참으로 고맙고 감사하고 미안할 뿐이었다. 겨우 눈물을 삼키며 연신 아내를 훔쳐본다. 이미 사색에 가깝다. 다른 한 친구는 한 수를 더 나아간다. 내년 6월에 네 친구 부부가 이대로 북간도를 가자고 택일을 하고 약속을 한다.

숙소로 돌아오는데 잠시 샛길로 빠져서 가로등도 희미한 낯선 길을 혼자 걷는다. 아무리 생각해도 나 스스로가 용서가 되지 않는다. 그러면서도 뭔가 모르게 오기가 발동한다. 아내를 봐서, 아이들을 봐서, 아니 친구들을 봐서라도 역전 드라마 같은, 반전 소설 같은 인생길에 마지막 도전을 하고 싶다는 충동이 은근히 발동한다. 아니, 두렵고 무섭기는 하지만 여기서 주저앉고 싶지는 않다. 의욕과 용기만 있다면 한 번쯤은 해볼 만한 일일 것 같다. 어쩜 내게 주는 가장 큰 인생 마지막 희망의 선물이 아닌가 싶다. 그래, 평균은 깎아내리지 말자. 깊고 간절함으로 기도하고 도전해 보자. 그리고 반드시 이겨내고 사랑하는 아내, 좋아하는 친구들과 여행을 가자.

그렇게 해서 마지막일 수도 있는 친구들과의 고별 여행을 묵시적으로 소통하면서 아무도 모르게 희망과 다짐을 안고 다녀왔다. 그리고 토요일 저녁식사를 마치고 결국 큰딸에게 당당하게 고백을 했다. 서로 부여잡고 통곡을 하지만 되돌릴 수 없기에 가슴이 찢어진다. 용기도 의지도 의욕마저도 상실한 내 모습이 불쌍해서가 아니라, 남은 가족들에게 못 할 짓을 하는 것 같아서 괴롭고 서글펐다. 순간 모든 것이 와르르 무너지는 것만 같다.

오늘은 월요일.

내일의 입원을 준비하는 코로나 검사를 한다. 딸이 동행해 준다는 것을 억지로 뿌리치고 혼자서 나서는데 눈물과 콧물이 범벅이다. 갓길에 세우고 한참을 울고 나니 후련해진다. 증명서를 보여주니 두말없이 해준다. 다시 정형외과로 향한다. 허리를 수술하고 한 달 만의 두 번째 정기검진이다. '왜 이렇게 기운이 없어요?' 하면서 의사가 한참을 나를 위로하듯 달래듯, 훈계를 한다. 약을 거부하고 나온다. 한 달 뒤의 예약도 거부하고 돌아서는데 하늘마저도 야속하고 원망스럽다.

전화를 한다. 도저히 집에 들어갈 용기가 나지 않는다.

아내에게 미안하지만 혼자 돌아다니다가 들어가겠다니까, 눈치 빠른 아내가 같이 운동하려고 기다린단다. 이내 생각을 바꿔 기다리라고 문자를 남기고 집으로 향한다. 차를 대기하고 있으니까 다소 놀란 듯하더니 이내 동승을 한다.

침묵이 흐른다. 심지어 숨소리마저 들리지 않을 정도다. 이틀 만이다. 잠시 도회지를 벗어난다. 앙상하게 가지만 남은 곡교천의 은행나무길이 청승맞다. 유치원생들의 소풍이 없었다면 온 것을 후회할 뻔했다. 다시 현충사로 옮겼다. 불행인지 다행인지 월요일이라서 휴관이다. 그때 전화가 울린다. 낯선 번호는 전혀 받지 않는데, 이상하게 끌려서 받았다.

○○대학병원, 수요일 오전 10시 예약. 이런저런 서류를 구비해서 오라는 내용이다. 시계를 보니 오전 11시 20분이다. 서둘러 집으로 왔다. 딸에게 오라고 통화를 하고 집에 와서 현재 예약된 인근 대학병원에 전화를 했다. 20분 이내에 도착하면 진찰이 가능하단다. 신호도 속도도 무시하고, 심지어 주차장을 역주행해서 주차하자마자 절뚝이며 뛰었다. 통증은 무감각인데 숨이 차다.

3층에 다다랐을 때는 2분 전이다. 숨이 넘어가는 목소리로 접수를 하고 들어간다. 무작정 죄송하다. 살려달라고 전원을 애원한다. 뒤쫓아 온 딸을 보기가 민망하다. 겨우겨우 시간을 연장하면서 서류를 구비한다.

도전이요 역전 드라마 같다. 측은했던지 아내가 목욕탕

에 다녀오란다. 못 이긴 척 무작정 나왔다. 온탕과 냉탕을 오락가락하면서, 샤워꼭지를 틀어놓고 원 없이 울고 또 운다. 눈금이 내려간 체중계를 슬쩍 발로 차버리고 다시 병원으로 향한다. 미뤄둔 슬라이드를 찾아 나온다. 작은 슈퍼에 들러 손녀가 좋아하는 젤리를 하나 산다. 그리고 유치원으로 간다. '죄송합니다. 조금 일찍 데리러 왔습니다.' 어쩌면 마지막일지도 모른다는 생각에 겨우 들릴 정도로 인터폰을 해서 손녀를 데려온다.

저녁식사시간에 사위가 들렀다. 하지만 눈은 마주치지 않는다. 내가 먼저 피한다. 열이 느껴지는 손녀를 핑계로 쫓아내듯 보낸다. 결국 둘이 남았다. 내일 갈 준비로 가방을 싸는데 결국 터지고 말았다. 지친다. 어지럽다. 모두 다 내려놓고 싶다. 그저 미안할 뿐이다.

최근 5일간의 이런저런 일이 하나같이 마지막인 것만 같다는 생각에 눈물보가 터지고 말았다. 아니다. 이 가방을 들고 다시 귀가할지조차도 의문이다. 불안과 공포, 외로움은 말로 형언할 수가 없다. 가만히 달래주는 아내를 뿌리치고 독수공방한다.

혼자 있고 싶다.

어쩜 영원히 혼자일 것 같기도 하다. 그럼 내가 할 수 있는 것은 뭐란 말인가?

愼獨? 孤獨?

아아, 삶이 무섭고 두려운 것이 아니라 사랑하는 사람에게 아픔을 주지 않을까를 생각하니 미치도록 괴롭다. 아니

당장 지쳐 쓰러질 듯 힘들어하는 아내를 매일매일 봐야 한다는 것만으로도 고통이요 비극이다. 어차피 왔으면 가야 하는 인생이라지만, 아직은 준비가 되지 않았기에 슬프다 못해 아프다. 차마 아이들 앞에서 고개를 들 수가 없다. 그들마저 기가 죽을 것을 생각하니 세상이 노랗다.

人生之事 塞翁之馬 라지만 마지막은 정말 싫다. 하지만 아직은 진행형이라는 주문을 외우며 애써 부인하고 거부해 본다. 잊고 살던 기도를 한다. 다행인지 불행인지 어둠이 그나마 나를 감싸준다. 친구들과의 여행에서 한 다짐을 크게 써서 달력 위에 붙인다. 표본실의 청개구리가 될지언정 수술을 받고 소박하지만 사는 날까지 평온하고 수수하게 지내야겠다. 즐거움을 추구하며 남은 생을 덤으로 감사히 여기며 살아야겠다고 다짐하고 또 다짐한다.

내게는 아직 못다 한 사랑이며 이야기기 남아 있지 않은가.

문학고을선집 제9집 봄

초판1쇄 발행 | 2023년 4월 29일

지은이 | 김신영 외 64인
펴낸이 | 조진희
편집인 | 조현민
펴낸곳 | 문학고을 출판사

주소 | 경기 부천시 삼작로317번길 15 (여월동)
서울사무실 | 서울특별시 강남구 학동로38길 38 (논현동) 204호
전화 | 02-540-3837
이메일 | narin2115@naver.com
등록 | 제2020-111176호

ISBN 979-11-92635-09-5 03810
ISSN 2799-9904

*책값은 뒤표지에 표시되어 있습니다.
*이 책 내용의 전부 또는 일부를 재사용하려면 반드시 저작권자와 문학고을의 동의를 받아야 합니다.